출판사가
OK하는
책쓰기

악마 편집자가 신랄하게 일러준다!

출판사가 OK하는 책쓰기

초판 1쇄 발행 2020년 2월 15일

지은이 최현우 / **펴낸이** 김태헌
펴낸곳 한빛미디어(주) / **주소** 서울시 서대문구 연희로2길 62 한빛미디어(주) IT출판부
전화 02-325-5544 / **팩스** 02-336-7124
등록 1999년 6월 24일 제25100-2017-000058호 / **ISBN** ISBN 979-11-6224-256-8 13700

총괄 및 편집 전정아
표지 디자인 박정화
영업 김형진, 김진불, 조유미 / **마케팅** 박상용, 송경석, 조수현, 이행은, 홍혜은 / **제작** 박성우, 김정우

베타 리더 강대명, 권정민, 김인범, 김지은, 방정아, 사지원, 서현, 유동환, 유한태, 이복연,
　　　　　이석곤, 이요셉, 이형도, 정영우, 정지수, 정희, 조병승, 황시연, 황후순

이 책에 대한 의견이나 오탈자 및 잘못된 내용에 대한 수정 정보는 한빛미디어(주)의 홈페이지나 아래 이메일로
알려주십시오. 잘못된 책은 구입하신 서점에서 교환해 드립니다. 책값은 뒤표지에 표시되어 있습니다.

한빛미디어 홈페이지 www.hanbit.co.kr / 이메일 ask@hanbit.co.kr

지금 하지 않으면 할 수 없는 일이 있습니다.
책으로 펴내고 싶은 아이디어나 원고를 메일(writer@hanbit.co.kr)로 보내주세요.
한빛미디어(주)는 여러분의 소중한 경험과 지식을 기다리고 있습니다.

악마 편집자가 신랄하게 알려준다!

출판사가 OK하는 책쓰기

최현우 지음

책쓰기

한빛미디어
Hanbit Media, Inc.

집필은 하나의 과정입니다. 현역 편집자인 저자가 하나부터 열까지 자세하게 설명합니다. 글쓰기 책은 많지만, 일반 독자와 예비 저자에게 이렇게 현장감 있게 알려 주는 책은 처음입니다. 출판사의 닫힌 문을 두드릴 때, 무작정 두드리기만 할 건가요? 열쇠를 손잡이에 넣고 돌릴 건가요? 이 책은 저자가 어떻게 될 수 있는지 궁금한 독자들에게 열쇠가 되어 줄 것입니다.

―유한태, 교보문고 MD

집필은 방망이를 만드는 노인의 무념무상한 장인 정신이 필요한 영역입니다. 첫 장을 폈다면 아무 의심하지 말고 그대로 끝까지 읽으세요. 집필과 출판의 전체 흐름이 머릿속에 펼쳐질 것입니다.

―조병승, 『마이크로소프트웨어』 편집장

"책 한 권 써서 잘 팔면 부자 되지 않을까"라는 말을 농담 삼아 합니다. 하지만 부자가 되기는커녕 책 한 권 쓰는 과정을 완벽하게 알기도 어렵습니다. 그럴 때 요긴하게 볼 수 있는 것이 바로 이 책입니다. '책 표지에 자신의 이름이 인쇄되는 것'을 한번이라도 상상해 봤다면 꼭 읽어야 하는 책입니다.

―권정민, 번역가

버킷 리스트에 책쓰기를 적어 두고 어떻게 할지 몰라 망설이는 분께 이 책을 추천합니다.

―서현, 한빛미디어 편집자

악마 편집자가 아닌 천사 편집자가 친절하게 쓴 책입니다. 처음 책을 쓰는 사람에게는 '책쓰기 방법'을, 여러 번 책을 써본 사람에게는 '내가 책을 쓰는 데 왜 힘들었는지'를 알려 줍니다.

—강대명, 『생생 IT 토크』 저자

일기나 블로그 글쓰기와는 달리 출판을 목적으로 하는 글쓰기는 어느 정도 프로세스를 알아야 합니다. 단지 글을 잘 쓰는 것뿐만 아니라 출판 라이프 사이클을 알고 글을 쓰면 출판사에 OK를 받을 확률이 높아질 테니까요. 이 책은 단순히 글쓰기 방법만 알려주는 게 아니라 출판의 A부터 Z까지 모든 과정을 알려 줍니다. 예비 저자라면 꼭 한번 읽어 보기 바랍니다.

—이석곤, 베타리더

책을 읽다 보면 '나도 책 쓰고 싶다'라는 생각이 들 때가 있습니다. 하지만 '책쓰기는 어떻게 하지?'라는 질문에 막혀 매번 고민만 하다 그만두는데, 이 책에는 책쓰기와 출판 프로세스의 모든 것이 담겨 있습니다. 저처럼 경험이 없는 초보자가 이 책을 만난 것은 큰 행운입니다!

—사지원, 베타리더

쉽고 진지하면서도 위트가 넘치는 책입니다. 이 책을 읽고 나서 저자와 편집자/출판사의 입장을 조금 더 이해할 수 있게 되었습니다. 정보를 전달하는 실용서를 쓰려는 모든 이들에게 크게 도움이 될 것입니다.

—이요셉, 베타리더

이 책은 책쓰기의 전 과정을 설명합니다. 편집자 선배가 책을 쓰려는 후배에게 책 쓰는 과정에서 마주할 어려움, 출판사가 저자에게 원하는 것 등을 카페에 앉아 이야기해 주는 것처럼 허심탄회하게 알려 줍니다.

—이형도, 베타리더

글쓴이 요청과 편집자 응답을 정리한 완벽한 구성입니다. 글은 혼자 쓸 수 있지만, 책은 쉽지 않다고들 합니다. 그 쉽지 않은 길을 가고자 하는 분께 추천해 드립니다. 지금도 험로를 걷고 있는 지지의 선명한 발자국을 보실 수 있습니다.

—황후순, 베타리더

쉽게 읽힐 수 있는 문장 구성을 알려 주는 부분이 마음에 듭니다. 출판 과정에서 필요한, 그리고 경험할 수 있는 것들을 매우 솔직하게 풀어냈습니다. 지난 번역 과정을 돌아보며 제가 어떤 부분에서 소홀했었는지 확인할 수 있었습니다.

—김인범, 『몽고디비 인 액션』 역자

사실을 가감 없이 안내하여 헛된 망상을 버리고 더 나은 콘텐츠를 채우도록 도와주는 책입니다. 세세한 부분까지 안내가 잘 되어 있습니다.

—방정아, 베타리더

막연하게 '책을 쓰고 싶다'라고 생각하고 있던 저에게, 문을 열어 길을 보여주는 책입니다.

—정영우, BX 디자인리더

선뜻 출판사에 투고하기 두려운 점은 출판 프로세스를 자세히 모르기 때문일 것입니다. 이 책은 출판 기획자로 오랫동안 일한 저자가 자신의 경험을 바탕으로 세세하게 알려줍니다. 예비 저자들은 두려움 없이 출판을 꿈꾸고 계획할 수 있으며, 출판 편집을 꿈꾸는 예비 편집자에게는 나침반과 같은 역할을 할 것입니다.

—황시연, 베타리더

저자는 책을 쓰려는 분들께 믿고 소개하는 편집자입니다. 더 좋은 원고를 만나고 싶어서 이 책을 집필했다고 생각합니다. 제가 편집자로 활동하며 예비 저자께 드린 설명이 구체적인 근거를 곁들여 알차게 설명되어 있습니다. 혼자 앓고 있을 예비 저자께 추천합니다.

—정희, (전) 메이커페어 서울 디렉터

'책쓰기 방법'을 궁금해하는 사람들뿐만 아니라 책을 사랑하는 모든 사람들이 읽을 수 있는 책입니다. 신입 편집자로서 현재 나아가는 방향이 올바른지, 저자와 소통하는 방법은 무엇인지 등 실무 교육으로 배울 수 없는 내용을 알 수 있게 되었습니다.

—김지은, 베타리더

다양한 예시와 친절한 설명 덕분에 이해가 쏙쏙 되는 책이었습니다. 이 책은 책쓰기를 처음 하는 분에게도 유용하겠지만, 전반적인 출판 프로세스를 알아야 하는 초보 편집자인 저에게도 광장히 유익했습니다.

—정지수, 베타리더

누구를 위한 책인가요?

이 책을 읽으면 어떤 점이 좋은가요?

이 책 한 번 읽어봐~
그날로 지옥에서 탈출이야~

이 책의 특징을 한마디로 정의해주세요!

간단히 말씀드리자면 '풀 세트' 전수라고 할까요?
자기 관리 + 글쓰기 + 책 만들기 + 홍보하기 + 저작권법

끝으로 더 하고 싶으신 말씀이 있나요?

감히 비견하건대… 제 맘대로 뽑은 책쓰기
3대 양서가 틀림없습니다

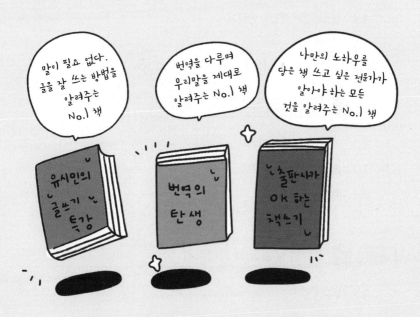

목차

이 책을 먼저 읽은 분들의 추천사 ···································· 4

악마 편집자와의 인터뷰 ·· 8

프롤로그 ··· 18

1장 **책쓰기 환상에서 벗어나기**   28

1.1 출판 시장 뉴스 ··· 30

1.2 책 쓰면 얼마나 벌까? ······································ 38

1.3 집필 롱기 징칙히기(자기 브랜딩) ··························· 42

1.4 잔소리쟁이 편집자 만나기 ·································· 44

1.5 마치며 ··· 46

2장 **책 쓰며, 글 쓰며 지켜야 할 것들**   48

2.1 책쓰기 이것만은 지키자 ···································· 50

2.2 글쓰기 이것만은 지키자 ···································· 54

2.3 마치며 ··· 61

3장 **경쟁력 갖춘 도서 기획하기**   62

3.1 누구에게 ··· 64

[분석] 『고우영 삼국지』 대상 독자 파악하기   65

[분석] 『성공을 말하는 조조의 12가지 덕목』 대상 독자 파악하기   66

3.2 무엇을 ·· 68

[분석] 왜 『고우영 삼국지』는 제갈량 사후까지만 자세히 다루나?　　68

[분석] 왜 『성공을 말하는 조조의 12가지 덕목』 저자는 조조를 선택했나?　　69

3.3 어떻게 ·· 70

[분석] 『고우영 삼국지』는 주제를 어떻게 전달하나?　　70

[분석] 『성공을 말하는 조조의 12가지 덕목』은 주제를 어떻게 전달하나?　　70

3.4 포지셔닝과 콘셉팅 ·· 71

[분석] 『고우영 삼국지』와 『성공을 말하는 조조의 12가지 덕목』 콘셉트 살펴보기　71

[분석] 『고우영 삼국지』와 『성공을 말하는 조조의 12가지 덕목』 포지셔닝 살펴보기　71

3.5 SWOT 분석 ·· 73

[분석] 『고우영 삼국지』 SWOT 분석하기　　74

[분석] 『성공을 말하는 조조의 12가지 덕목』 SWOT 분석하기　　74

3.6 경쟁서 분석 : 지피지기면 백전불태 ······················· 75

3.7 마치며 ·· 79

4장　📖　출판사에 투고하기까지　　80

4.1 편집 도구 선택하기 ·· 82

4.2 집필 계획서 작성하기 ··· 87

[사례] 『출판사가 OK하는 책쓰기』 핵심 사항 살펴보기　　88

[실습] 『여러분의 책』 핵심 사항 정하기　　89

[사례] 『해커, 광기의 랩소디』 목차　　91

[사례] 『구글 애플 그다음 별』 목차　　91

[실습] 『여러분의 책』 목차 적어보기　　93

[실습] 『여러분의 책』 집필 계획 적어보기   96

[실습] 『주유의 IT 책쓰기 불바다 강론』 집필 계획서 보기   103

[실습] 『나만의 책』 집필 계획서 만들기   105

4.3 용어표 만들기 ················· 106

4.4 샘플 원고 집필하기 ················· 113

[분석] 여행서 앞부속을 살펴보자   117

[분석] 에세이 앞부속을 살펴보자   118

[분석] IT 개발서 앞부속을 살펴보자   120

[분석] 에세이 1장 구성을 살펴보자   122

[분석] IT 개발서 1상를 실펴보지   123

4.5 원고 제안서 쓰기 ················· 125

4.6 원고 제안서 투고하기 ················· 130

4.7 마치며 ················· 132

5장 📖 투고 후 출판 프로세스   134

5.1 출판을 가내수공업이라 부르는 이유 ················· 136

5.2 출판 프로세스 훑어보기 ················· 137

5.3 마치며 ················· 149

6장 📖 반복을 줄이는 본문 글쓰기   150

6.1 본문을 쓰는 나만의 4원칙 ················· 152

6.2 경어체 vs. 평어체 선택 ·· 159

6.3 원고 템플릿 만들기 ·· 160

  [분석]『출판사가 OK하는 책쓰기』본문 구성 ·························· 161

  [분석]『처음부터 다시 배우는 서비스 디자인씽킹』본문 구성 ······· 162

6.4 책쓰기 명심보감 ··· 164

6.5 책쓰기 Q&A ··· 168

6.6 마치며 ··· 171

7장 📘 미운 글 피하기　　　　172

7.1 외국어 우리말 표기 원칙 ··· 174

7.2 흔한 번역투 TOP 12 ··· 175

7.3 비문 금지와 좋은 습관 ·· 195

7.4 비문을 방지하는 비법 ··· 199

7.5 좋은 번역 ·· 202

7.6 마치며 ·· 204

8장 📘 출간 전후 마케팅 노력　　　　206

8.1 콘텐츠 지속 관리(오탈자 확인) ··· 208

8.2 도서정가제를 지키며 홍보하기 ·· 209

8.3 강의/세미나 ··· 213

8.4 리뷰 이벤트 ··· 214

8.5   자가출판에도 유용한 SNS 플랫폼 ⸺⸺⸺⸺⸺⸺ 216

8.6   마치며 ⸺⸺⸺⸺⸺⸺⸺⸺⸺⸺⸺⸺⸺⸺ 220

9장 📖 저작권법 제대로 알기 222

9.1   저작권과 저작물 ⸺⸺⸺⸺⸺⸺⸺⸺⸺⸺⸺⸺ 224

9.2   책을 쓰면 생기는 권리 ⸺⸺⸺⸺⸺⸺⸺⸺⸺⸺ 227

9.3   저작인격권 ⸺⸺⸺⸺⸺⸺⸺⸺⸺⸺⸺⸺⸺⸺ 229

9.4   저작재산권 ⸺⸺⸺⸺⸺⸺⸺⸺⸺⸺⸺⸺⸺⸺ 231

9.5   출판권은 무엇인가? ⸺⸺⸺⸺⸺⸺⸺⸺⸺⸺⸺ 235

9.6   인용은 어디까지 가능한가? ⸺⸺⸺⸺⸺⸺⸺⸺ 239

9.7   이미지/사진 사용 ⸺⸺⸺⸺⸺⸺⸺⸺⸺⸺⸺⸺ 246

9.8   저작권 유효 기간 ⸺⸺⸺⸺⸺⸺⸺⸺⸺⸺⸺⸺ 250

9.9   저작권 침해 배상 ⸺⸺⸺⸺⸺⸺⸺⸺⸺⸺⸺⸺ 251

9.10 마치며 ⸺⸺⸺⸺⸺⸺⸺⸺⸺⸺⸺⸺⸺⸺⸺ 255

10장 📖 출판 계약서 살펴보기 256

10.1 출판 계약 ⸺⸺⸺⸺⸺⸺⸺⸺⸺⸺⸺⸺⸺⸺ 258

10.2 계약과 집필(설정과 양도) ⸺⸺⸺⸺⸺⸺⸺⸺⸺ 259

10.3 선인세와 인세 ⸺⸺⸺⸺⸺⸺⸺⸺⸺⸺⸺⸺⸺ 260

10.4 표준 계약서 살펴보기 ⸺⸺⸺⸺⸺⸺⸺⸺⸺⸺ 267

10.5 마치며 ·· 276

[부록 A] 출판 실비 알아보기   277
[부록 B] 폰트 저작권   284

프롤로그

"말하기가 '옷 입기'라면 글쓰기는 '화장하기'입니다."

2017년 함께 협업한 『처음부터 다시 배우는 서비스 디자인 씽킹』(한빛미디어) 배성환 저자의 말입니다. 말하기와 달리 글쓰기는 배워야 잘할 수 있다는 뜻입니다. 저도 백 번 동감합니다. 글쓰기 실력은 잘 알고 제대로 쓸수록 늡니다. 멋모르고 쓰면 많이 써도 늘지 않죠. 그래서 배워야 합니다. 글쓰기는 책쓰기에서 중요한 요소죠. 하지만 전부는 아니에요. 요즘은 책을 쓰려면 글쓰기 실력 말고도 잡다한 지식과 기법노 필요하기든요.

이 책은 글쓰기의 확장 영역인 책쓰기 방법을 알려드립니다.

Q 왜 이 책을 썼냐고요?

A 10년간 편집자로 일하며 새 저자를 맞이할 때마다 책쓰는 방법을 알려드렸습니다. 같은 말을 반복하는 것이 비효율적이라 생각해서 매뉴얼을 만들어 협업 초기에 전달했지만 아주 큰 효과를 보지는 못했습니다. 매뉴얼이 턱없이 부족했던 탓입니다. 게다가 재미도 없고, 체계적이지 않고, 깊은 설득도 없었죠. 그저 방법만 제시하는데, 10쪽이 넘는 방법론을 읽는 것 자체가 곤욕이었을 겁니다. 매뉴얼을 모두 읽더라도 머릿속에 많은 내용이 남지는 않았을 것 같습니다.
반복 작업을 줄이려고 서점에서 책쓰기, 글쓰기 책을 찾아봤습니다. 적절한 책이 있으면 사비라도 사서 보내드려야겠다 싶은 생각이 들어서였죠. 시중에는 책쓰기, 번역하기, 우리말 쓰기 같은 좋은 책이 아주 많습니다. 글쓰기 자체에 도움이 되는 책들이죠. 그런데 출판 전반을 이해하고 저자가 편집자와 협업하며 원고를 완성하는 데 실질적인 도움을 주는 입맛에 딱 맞는 책은 아직까지 없었습니다. 그래서 이 책을 쓰게 되었습니다. 소모적인 반복 작업을 줄이면서 책을 쓰려는 분께 도움을 주려고요.

이 책에 담긴 내용은 제 경험을 바탕으로 하기 때문에 출판계 모두가 아닌 일부에게만 통용되는 내용일 수도 있습니다. 하지만 애초에 출판계 모두가 사용하는 표준 방식은 없습니다. 따라서 좋은 콘텐츠를 가지고 글을 써서 내 이름이 들어간 책을 완성해보겠다는 소기의 목적을 달성하는 분들께 전반적인 과정을 전달하는 데 큰 무리가 없으리라 생각합니다.

Q 글쓰기를 넘어 책쓰며 알아두면 피가 되고 살이 되는 내용까지 알려드려요. 1인 출판에도 도움이 됩니다.

A 이 책의 독자라면 저자로서 이미 충분한 자질을 갖추셨을 겁니다. 책을 더 잘 쓰려고 책쓰기 책을 찾아 읽는 것 자체가 비범한 노력이기 때문입니다. 그래서 10년간 100권을 출간한 편집자로서 쌓은 노하우를 아낌없이 풀어드리려 합니다.

단순히 책쓰기가 글쓰기는 아닙니다. 책을 읽다 보면 '이런 것까지 알아야 하나'라는 생각이 들 수도 있습니다. 그렇다고 불필요한 정보를 알려드릴 건 아닙니다. 이 책을 읽으면 글쓰기와 출판 시장 동향 등 책쓰는 데 도움이 되는 다양한 정보를 알게 됩니다. 즉 문장 한 줄 쓰기부터 출판사와 계약해 책을 출간하기까지의 모든 과정에 필요한 정보를 몽땅 알려드립니다. 저자의 시행착오를 최소화해서 가지고 계신 전문 역량을 출판사가 OK하는 책으로 구성하고 쓰도록 도와드립니다. 기존 출판사에서 책을 낼 때뿐만 아니라 온라인 출판과 1인 출판에도 도움이 되는 내용입니다.

Q 글쓰기의 시작은 거창하지 않아요, 하지만 책쓰기는 험난해요.

A 블로그, SNS, 온라인 카페 어디에든 도움을 주고받으면서 "이런 건 의외로 잘 모르는 것 같은데 알려지면 좋겠다"라고 생각한 경험이 다들 있으시죠? 책쓰기는 그런 사소한 것에서 출발하면 됩니다.

이 글은 한 번쯤 정보 전달을 목적으로 하는 서적을 집필하고 싶다는 생각을 하신 분이 주 대상 독자입니다. 그분들이 진짜로 집필을 완료하게 이끌거나, 아니면 빠르게 포기하게 하는 것이 이 책의 또 다른 목표이기도 합니다. 왜냐하면 책은 하늘에서 뚝 떨어지는 감이 아니거든요. 적은 노력으로는 얻을 수 없습니다. 어쩌다 책쓰기에 성공하더라도 '자기만족 책'이 나올 확률이 어마무시하게 높습니다. '자기만족 책'은 저자 자신만 행복할 뿐, 독자와 출판사에는 아무런 이로움을 주지 못합니다. 그런 책이라면 자비로 출판하거나 무료로 공개하는 것이 더 세상에 이롭습니다.

그렇다고 낭떠러지로 밀어 넣겠다는 게 아닙니다. 쓸 의지가 있는 분들의 손을 꼭 잡고 함께 가겠습니다. 10년간 100권을 출간하며 산전수전 다 겪었다 해도 과언이 아닙니다. 강한 의지로 끝까지 책쓰기를 완료하려는 분들께 자기관리를 하며 책을 끝까지 쓰는 방법을 알려드릴게요.

Q 근거 있는 주장을 하고, 저작권법을 설명할 때는 개인 의견을 자제합니다.

A 데이터로 주장을 뒷받침하고, 표와 그림으로 이해를 도울 겁니다. 출판에서 저작권은 민감한 문제입니다. 출판권과 저작권을 설명하지만, 법조인이 아니므로 사견을 최대한 배제하고 법령과 판례를 제시합니다.

이 글의 특징은 다음과 같습니다.

1 출판사(편집자) 입장에서 알려줍니다.
2 책을 쓰고 만들고 홍보하는 전 과정에 알아두면 좋은 정보를 제공합니다.
3 출판사가 OK할 책쓰기에 공통된 절대적인 기준은 애초에 없습니다. 철저히 경험을 바탕으로, 최대한 객관적으로 알려드립니다.

Q 끝까지 읽어주세요. 그럼 출판사가 OK하는 책 초안을 완성하게 됩니다.

A 나만의 경쟁력 있는 도서를 기획하고 싶으신가요? 그럼 어떻게 콘셉트를 정하고 포지셔닝하는지 알아야 합니다. 그 과정에서 같은 분야의 경쟁 도서를 분석하고 시장에서 승리하는 승부 전략도 짜야 합니다. '이론 + 분석 + 실습'으로 출판사가 OK하는 책을 기획하게 도와드립니다.

그러니까 꼭 끝까지 읽어주세요!

Q 이 책에서 도서를 구분하는 기준을 알려드릴게요.

A 이 책은 문학 책을 쓰려는 분께 맞지 않습니다. 자신만의 분야에서 얻은 노하우를 책으로 만들려는 분께 어울립니다. 전자의 결과물을 통칭 문학 서적이라고 하고, 후자를 실용서라고 하겠습니다. 실용서로는 주식투자, 요리, 자기관리, 프로그래밍, 여행, 과학, 부동산 책 등이 있겠죠.

범 문학 서적을 쓰는 사람을 전문 작가, 실용서를 쓰는 사람을 전문가라고 하겠습니다. 이 분류는 이 책에서만 통용됩니다.

▶ **이 책에서 사용하는 용어**

도서 분류	글쓴이 명칭
문학 서적	전문 작가
실용서	전문가

Q **편집자는 비전공자입니다. "그럼 편집자는 대체 무엇이란 말인가?"**

A 책쓰기를 알려준다는 10년 차 편집자가 날리는 뜬금포에 어안이 벙벙하실 겁니다. '비전공자라니? 내가 비전공자 말을 어떻게 믿고 책을 쓰지?'라는 생각이 드실 겁니다. 그럼에도 편집자는 비전공자라는 말을 다시금 하겠습니다. 편집자가 하는 일은 시장 흐름을 파악하고, 기획 주제를 찾고, 저자를 섭외하고, 콘셉트와 포지션을 정하고, 목차를 제안하고, 글을 교정/교열/윤문[1] 하고, 표지 디자인을 고안해 원하는 표지를 도출하고, 심지어 제작이나 홍보에도 관여합니다.

뭘 전공한 사람들일까요? 얼핏 경제경영학과, 어문학과, 산업디자인학과, 광고홍보학과가 떠오르기는 합니다만, 불행히도 그 모든 걸 알려주는 학과는 없습니다. 그럼에도 엄연히 편집자라는 직업이 존재하죠. 회사마다 부르는 이름도 조금 다릅니다. 에디터, 기획자, 기획편집자라고도 합니다. 명칭이 뭐든 어느 한 분야를 전공했을 수는 있지만 실무에서 편집자가 행하는 업무 모두를 전공한 사람은 아닙니다. 여기서 편집자가 비전공자라는 말은 업무적으로 그렇다는 말이기도 하지만, 여러분이 쓰려는 책 주제 관련해서는 비전공자를 넘어 비전문가이기도 합니다.

---

1 더 나은 글로 만드는 작업

"그럼 편집자는 대체 뭐란 말입니까?"

편집자는 책을 기획 출판 홍보하는 전 과정을 관리하는 PM 혹은 공정 관리자입니다. 공정 관리에 있어서 전문가라고 할 수 있습니다. 게다가 놀랍게도 공정 각각에서 품질을 높일 능력을 갖춘 존재입니다. 독자의 선택을 이끄는 더 나은 제목과 부제와 헤드 카피를 뽑고, 시선을 사로잡는 표지를 도출하고, 저자가 100% 능력을 발휘하도록 돕는 능력 말이죠.

공정 관리자로서 편집자가 굳이 필요할까 생각이 들 수도 있습니다. 답은 여러분이 선택하기 나름입니다. 집필을 넘어서 편집자의 역할까지 해낼 수 있는 분들도 있으실 테니까요. 하지만 제 대답은 "더 나은 품질을 원한다면 반드시 편집자의 손을 거쳐라"입니다. 편집자의 손을 거친 책과 아닌 책은 천지 차이인데, 경험하지 않고서야 납득하기 어려울 겁니다.

Q 최종관문 : 10 +10 적성 검사를 해보아요

A 그럼 본격적으로 책쓰기로 들어가기 전에 책쓰기 적성 검사 문항을 체크해보겠습니다.
다음 질문에 '예/아니오'로 답해보세요.

- ☐ 커뮤니티에 올라온 질문에 까칠하지 않게, 친절히 답한다.
- ☐ 누군가가 들려주는 충격적인 조언이 처음에는 기분이 나쁘거나 당황스럽더라도 나중에는 고맙다고 생각한다.
- ☐ 1년 동안 규칙적으로 무언가에 빠져 산 적이 있다(학원 공부든, 프라모델 도색이든, 춤추기든).
- ☐ 학문은 팔수록 좋다고 생각한다.
- ☐ 팀플레이는 중요하다.
- ☐ 블로그나 일기를 1년 이상 꾸준히 썼다.
- ☐ 개인 프로젝트를 꾸준히 관리한다.
- ☐ 효율을 높여주는 새 도구를 익히는 것이 즐겁다.
- ☐ (학창 시절) 수학 문제를 풀고 검산을 한 번 이상 한다.
- ☐ 약속은 반드시 지킨다.

첫 번째 적성 검사를 마쳤습니다. 두 번째 적성 검사를 해볼까요? 다음 질문에도 '예/아니오'로 답해보세요.

- ☐ 만화책이든 실용 서적이든 그동안 책을 안 읽었다.

- ☐ 책을 써서 큰돈을 벌고 싶다.

- ☐ 누군가의 조언이 불편하다.

- ☐ 마음만 먹으면 한두 달이면 책 한 권을 쓸 수 있다.

- ☐ 내가 만든 선 성말 완벽히다. 두 번 볼 필요도 없다.

- ☐ 새로운 것을 잘 받아들이지 못하고 꺼린다.

- ☐ 회사(학교)에 제출할 성과로 급히 책이 필요하다.

- ☐ 책을 써서 유명인이 되고 싶다.

- ☐ 독자가 내 마음을 알아주었으면 좋겠다.

- ☐ 이번 일은 팀원들이 나를 도와주지 않아 잘되지 않았다.

누구에게 보여주는 것이 아니니 정직하게 답변을 체크하시기 바랍니다. 내가 정말로 책을 쓸 수 있을지 확인을 하는 과정입니다. 첫 번째 질문에 '예'가 많을수록, 두 번째 질문에 '아니오'가 많을수록 책쓰기가 적성에 맞다고 할 수 있습니다.

첫 번째 질문 목록에서는 '예'가 5개를 넘어야 합니다. 그런데 두 번째 질문 목록에서는 '예'가 3개만 되더라도 책쓰기는 포기하는 게 좋습니다.

사람은 각자에게 맞는 적성이 있습니다. 삼국지에 나오는 오나라 도독 주유는 수전에 아주 능합니다. 그렇다고 여포처럼 활의 명수는 아닙니다. 각자 잘하는 분야가 있습니다. 적성에 맞지 않는 일을 하면 힘들기만 하고 제대로 된 성과물을 만들기 어렵습니다. 책쓰기가 삶의 전부가 아니므로, 낙담할 필요도 없습니다. 혹, 적성에 맞지 않는다는 결과가 나왔지만 반드시 책을 쓰겠다는 강력한 의지를 갖췄다면 책을 집필하실 수 있을 겁니다.

출판사가 OK하는 책쓰기 여정을 함께 할 마음의 준비가 되었나요? 그렇다면 이 책장을 넘겨주세요!

1장

책쓰기 환상에서 벗어나기

적성 검사를 무사통과한 모두를 환영합니다. 책쓰기에 돌입하기 전에 할 일이 있습니다. 바로 환상에서 벗어나는 겁니다. 지은이, 저자, 작가, 이런 말이 정말 멋지지 않습니까? 왠지 원고료도 두둑하게 받을 것 같습니다.

정말 그런지 '내 책'이 나오게 될 시장 현황을 먼저 짚어봅시다. 꿈을 크게 갖는 것이 좋지만, 비현실적인 기준은 모두를 괴롭힐 뿐입니다. 헛된 바람에 자칫 출판사와 감정이 상할 수도 있어요. 동고동락해 책을 출간했는데 다툼은 어울리지 않죠. 격려하고 홍보에 합심해 힘을 쏟는 게 여러모로 나을 겁니다.

그래서 준비했습니다!

1 출판 시장 뉴스

2 책 쓰면 얼마나 벌까?

3 집필 동기 장착하기

4 잔소리쟁이 편집자 만나기

출판 시장 뉴스

한국출판문화산업진흥회KPIPA는 연 2회 'KPIPA 출판산업 동향'을 조사해 발표합니다. 한국콘텐츠진흥원에서 운영하는 콘텐츠산업정보 포털[1]에서 'KPIPA 출판산업 동향'을 검색하면 연구 보고서[2]를 내려받을 수 있습니다.

이제부터 언급할 자료는 2018년 상반기 내용으로 2019년에 발행한 최신 통계입니다. 이 절에서 언급한 모든 수치는 이 연구 보고서를 기반으로 합니다.

차가운 머리로 출판 시장 현황을 판단하는 데 도움이 되길 바랍니다.

1 2018 상반기 발행 통계 추이

2018년 상반기에 전체 57,153개 출판사 중 10% 정도인 5,827개사가 도서를 1종 이상 출간했으며, 1종만 출간한 회사가 40%에 달합니다. 5종 이하 출간한 출판사 비중이 75.7%입니다. 신간 발행량은 총 42,748종으로 월평균 7,125종이 출간되었습니다.

교육 분야 발행량이 11,964종으로 가장 많습니다. 반면 예술/대중문화 분야는 발행량이 제일 적습니다. 분야별 출간 도서량은 얼마나 많은 하위분류를 두었느냐와도 관련이 있으므로 수치 그대로 해석할 필요는 없습니다.

---

1 portal.kocca.kr/portal/main.do
2 KPIPA 출판산업 동향 (2018 상반기) : bit.ly/2uYkPSh

▶ KPIPA 2018 상반기 발행 통계 추이

단위 : 종, %

상위 분류	기본 분류	발행 종수				
		2017년 상반기	2018년 상반기	구성비	증감	증감률
유아동	유아 아동(어린이)	4,506	3,646	8.5	▽860	▽19.1
교육	초등학습 중고학습 외국어 취업/수험서/자격증	11,964	12,942	30.3	978	8.2
문학	소설 시/에세이/희곡 등	6,652	7,012	16.4	360	5.4
인문	철학/심리 역사/문학 종교 기타 인문학	5,752	5,777	13.5	25	0.4
예술 대중문화	예술/대중문화	1,453	2,020	4.7	567	39.0
실용	자기계발 가정/생활 요리/취미 건강/스포츠/레저 여행	2,722	2,649	6.2	▽73	▽2.7
사회과학	정치/사회 경제/경영	4,821	4,589	10.8	▽232	▽4.8
과학기술	IT/컴퓨터 자연과학 기술공학	5.052	4,113	9.6	▽939	▽18.6
합계		42,922	42,748	100.0	▽174	▽0.4

② 출판 산업 주요 경영 실적 변동 추이

출판 시장은 1인당 평균 매출액이 최근 3년간 1.84억 원에서 1.55억 원으로 떨어졌습니다. 영업 이익도 전년 동기 대비 70.1%로 대폭 하락했습니다. 종사자 수는 3년간 6,574명에서 8,140명으로 늘었습니다. 이 기간 동안 전체 매출액은 1조 2천억 원에서 1조 2천5백억 원 수준으로 거의 횡보했습니다. 종사자는 꾸준히 느는데, 총매출액이 횡보하면서 영업 이익액이 확연히 줄었네요.

▶ **출판산업(상장사) 주요 경영실적 변동 추이** 단위 : 억 원, 명, %, %

구분	2016년		2017년		2018년	2018년 상반기 (전년 동기 대비)
	2016년 상반기 (전기 대비)	2016년 하반기 (전기 대비)	2017년 상반기 (전기 대비)	2017년 하반기 (전기 대비)	2018년 상반기 (전기 대비)	
매출액	12,089.5 (▽3.3)	12,781.0 (5.7)	12,295.5 (▽3.8)	12,769.1 (3.9)	12,578.3 (▽1.5)	2.3
1인당 평균 매출액	1.84 (▽6.8)	1.93 (4.9)	1.71 (▽11.3)	1.54 (▽10.1)	1.55 (0.4)	▽9.7
영업 이익액	575.0 (▽42.6)	885.2 (53.9)	613.2 (▽30.7)	710.8 (15.9)	183.5 (▽74.2)	▽70.1
영업 이익률	4.8 (▽3.2p)	6.9 (2.1p)	5.0 (▽1.9)	5.6 (0.6)	1.5 (▽4.1)	▽3.5p
종사자 수	6,574 (3.8)	6,626 (0.8)	7,186 (8.5)	8,301 (15.5)	8,140 (▽1.9)	13.3

3 출판 산업은 불황인가?

'단군 이래 최대 불황'이라는 말이 출판계 슬로건이 된 것 같습니다. 제가 처음 출판계 입문하던 10년 전에도 같은 말이 회자되었으니 적어도 10년 이상은 불황이었나 봅니다.

정말 불황인지 2006년부터 도서출판 시장 규모 추이를 살펴보겠습니다. 2006년에 3조 6천3백억 원이었는데, 2016년 약 4조 원 규모네요. 연평균 성장률이 1%니까 거의 성장하지 않는 시장임은 확실하네요. 다행히 아직까지는 역성장하지는 않았습니다.

▶ **도서출판 시장 규모 추이**   단위 : 억 원, %

구분	2006년	2007년	2008년	2009년	2010년	2011년	2012년	2013년	2014년	2015년	2016년	연평균 성장률
도서출판 시장규모	36,320	39,698	35,760	37,820	38,946	39,500	40,012	40,056	40,207	40,282	39,977	1.0

출처 : 문화체육관광부, 『2017 콘텐츠산업통계』를 KPIPA가 재구성
'서적 출판업'과 '교과서 및 학습서적 출판업'의 합계

4 매출 규모

흔히 출판업을 문화콘텐츠산업이라고 합니다. 그렇다면 산업에서 출판이 차지하는 매출 규모는 어떨까요? 놀랍게도 약 19.7%로 출판이 가장 규모가 크네요. 매출 규모가 방송보다 커서 저도 좀 놀랐습니다.

▶ 문화콘텐츠산업 시장 규모

단위 : 백만 원, %

문화산업 구분	2012년	2013년	2014년	2015년	2016년	비중	전년 대비 증감률
출판	21,097,287	20,799,789	20,586,789	20,509,764	20,765,878	19.7	1.2
방송	14,182,479	14,940,939	15,774,635	16,462,982	17,331,138	16.4	5.3
광고	12,483,803	13,356,360	13,737,020	14,439,925	15,189,680	14.4	5.2
지식정보	9,529,478	10,388,176	11,343,642	12,342,103	13,462,258	12.8	9.1
게임	9,752,538	9,719,683	9,970,621	10,722,284	10,894,508	10.3	1.6
캐릭터	7,517,639	8,306,812	9,052,700	10,080,701	11,066,197	10.5	9.8
음악	3,994,925	4,277,164	4,606,882	4,975,196	5,308,240	5.0	6.7
영화	4,404,818	4,664,748	4,565,106	5,112,210	5,256,081	5.0	2.8
콘텐츠 솔루션	3,029,140	3,437,787	3,894,748	4,311,563	4,583,549	4.3	6.3
만화	758,525	797,649	854,837	919,408	976,257	0.9	6.2
애니메이션	521,005	520,510	560,248	610,175	676,960	0.6	10.9
합계	87,271,637	91,209,617	94,947,227	100,486,320	105,510,746	100.0	5.0

출처 : 문화체육관광부, 2017 콘텐츠산업 통계, 2018

다음은 지역별 매출을 살펴봅시다. 서울이 가장 크고, 그다음은 경기입니다. 출판업 종사자가 많은 지역일수록 매출도 많을 거라는 생각이 문득 드네요. 서울에는 합정동을 중심으로 출판사가 엄청나게 밀집했고, 경기에는 파주출판단지에 밀집했습니다. 그래서인지 정말로 서울과 경기도 매출 비중이 높네요.

▶ 출판업 지역별 매출 추이　　　　　　　　　　　　　　　　　단위 : 백만 원, %

연도 지역	2013년	2014년	2015년	2016년	전년 대비 증감	2016년 시장비중
서울	4,522,104	4,540,556	4,544,056	4,642,378	2.2%	51.8%
경기도	2,541,677	2,500,294	2,495,205	2,568,389	2.9%	28.7%
그외	1,674,446	1,682,881	1,677,894	1,750,938	4.4%	19.5%
합	8,738,227	8,723,731	8,717,155	8,961,705	2.8%	100.0%

출처 : 문화체육관광부·한국콘텐츠진흥원

5 출판사 수 추이

2008년부터 출판사 수 추이도 살펴봅시다. 2008년에 31,739개사인데, 2017년에 57,153개사네요. 2018년과 2019년에도 6% 정도 증가하면 64,216개사가 되겠군요. 10년에 두 배 증가한 꼴입니다.

▶ 출판사 수 추이　　　　　　　　　　　　　　　　　　　　　단위 : 개, %

구분	2008년	2009년	2010년	2011년	2012년	2013년	2014년	2015년	2016년	2017년
출판사 수	31,739	35,191	35,626	38,170	42,157	44,148	46,982	50,178	53,574	57,153
전년대비 증가율	5.9	10.9	1.2	7.1	10.4	4.7	6.4	6.8	6.8	6.7
발행실적 있는 출판사 수					6,222	5,740	6,131	6,414	7,209	7,775
전체대비 구성비					14.8	13.0	13.0	12.8	13.5	13.6

출처 : 문화체육관광부 신고현황(2017년 12월 기준)과 KPIPA 출판산업 동향
발행 실적별 출판사 수를 기준으로 KPIPA가 재구성

6 연간 발생 통계

분야별 연간 발행 통계입니다. 어떤 분야가 치열한지 살펴보기 바랍니다.

▶ **KPIPA 연간 발행 통계**[1] 단위 : 종, %

상위 분류	기본 분류	2013년	2014년	2015년	2016년	2017년	전년 대비 증감률
유아동	유아	2,339	2,323	2,563	2,470	3,175	28.5
	아동(어린이)	5,059	5,110	6,247	6,065	4,846	▽20.1
	소계	7,398	7,433	8,810	8,535	8,021	▽6.0
교육	초등학습	2,564	4,388	4,801	4,163	4,087	▽1.8
	중고학습	4,717	5,283	5,432	6,003	588	▽2.0
	외국어	1,749	1,399	1,582	1,945	1,880	▽3.3
	취업/수험서/자격증	7,814	8,101	7,619	9,944	9,451	▽5.0
	소계	16,844	19,171	19,434	22,055	21,298	▽3.4
문학	소설	7,757	7,639	7,682	7,786	7,757	▽0.4
	시/에세이/희곡 등	3,668	4,282	4,540	5,345	6,464	20.9
	소 계	11,425	11,921	112,222	13,131	14,221	8.3
인문	철학/심리	1,382	1,524	1,618	1,717	1,820	6.0
	역사/문화	1,579	1,630	1,592	1,677	2,006	19.6
	종교	3,420	3,695	3,689	4,470	5,183	16.0
	기타 인문학	1,586	1,991	1,916	2,076	2,364	13.9
	소 계	7,967	8,840	8,815	9,940	11,373	14.4
예술/대중문화	예술/대중문화	1,933	2,197	2,465	2,652	2,978	12.3
실용	자기계발	1,428	1,433	1,527	1,568	1,506	▽4.0
	가정/생활	427	625	832	860	815	▽5.2
	요리/취미	698	721	636	775	960	23.9
	건강/스포츠/레저	1,099	1,100	944	956	1,025	7.2
	여행	598	595	629	784	779	▽0.6
실용	소 계	4,250	4,474	4,568	4,943	5,085	2.9

사회과학	정치/사회	4,029	4,832	4,373	4,537	5,187	14.3
	경제/경영	3,004	2,832	3,127	3,525	3,753	6.5
	소 계	7,033	7,664	7,500	8,062	8,940	10.9
과학기술	IT/컴퓨터	1,214	1,481	1,205	1,498	1,927	28.6
	자연과학	706	751	786	922	987	7.0
	기술공학	2,778	3,130	4,286	3,989,	5,300	32.9
	소 계	4,698	5,362	6,277	6,409	8,214	28.2
합계		61,548	67,062	70,091	75,727	80,130	5.8

자료 제공 : 교보문고, 반디앤루니스, 영풍문고, 알라딘, 예스24, 출판유통진흥원, 국립중앙도서관

7 총정리

정리하면 '출판사와 출판 종사자는 늘고, 총매출은 거의 늘지 않았다'가 되겠네요. 게다가 출간 권수가 늘었으니 당연히 1권당 판매 부수(종당 판매 부수)도 줄었겠군요!

출판 불황이 볼멘소리만은 아닌 것 같습니다. 하지만 포화 속에서도 꽃은 피는 법이죠. 아무리 불황이라도 베스트셀러는 탄생하고, 탄생의 주역은 건물을 올리는 법입니다. 만만치는 않지만 제대로 기획하고 제대로 쓰면 의미 있는 성과를 낼 확률이 올라갑니다. 상황을 파악했으니 이제부터 이 상황을 타개하는 책쓰기에 힘을 집중해봅시다.

---

1   ① 교보문고, 반디앤루니스, 영풍문고, 알라딘, 예스24로 입고된 2017년 도서 목록과 출판유통진흥원의 2017년 도서 목록(북센, 한국출판협동조합, 중소서점 POS 자료), 국립중앙도서관 납본 도서 목록을 취합한 국내 발행 도서를 반기 통계용 분류 기준에 따라 구분하고 통계 산출, 만화(아동용 만화는 포함)와 잡지, 교구, 전자책, CD/DVD는 제외 ② 기존 서점 분류와 가장 큰 차이점은 각종 기능사 자격증, 국가고시 준비 도서를 서가 배치 기준(과학기술, 사회과학 등)이 아니라 도서 특성에 따라 '취업/수험서/자격증' 분야로 편입

책 쓰면 얼마나 벌까?

집필은 인세 계약(도서 정가의 %로 계약), 번역은 매절 계약(정액 계약)을 주로 합니다. 전자는 책이 많이 팔릴수록 수입이 늘지만 책이 안 팔리면 돈이 안 되고, 후자는 정한 금액을 보장받을 수 있지만 예상보다 책이 많이 팔리더라도 추가 벌이가 나오지 않습니다. 물론 꼭 두 방법 중 하나를 선택하라는 법은 없습니다. 인세 계약과 매절 관련 자세 내용은 10.2절 '계약과 집필(설정과 양도)'에서 자세히 다룹니다. 여기서는 책 로열티인 인세에 집중해 수익을 계산하겠습니다. 버는 금액을 계산하려면 인세에 판매 부수를 곱하면 됩니다.

그럼 인세를 얼마나 받는지 알아보겠습니다.

비문학 계열 인세는 도서 정가의 8%가 기본입니다. 소설 같이 전문 작가가 집필하는 분야는 10%가 기본입니다. 인세는 분야마다 다르지만 8~10%가 기본입니다. 유명 작가라고 해서 12%, 15% 받는 게 아닙니다. 보편적으로 10% 받는다고 생각하시면 됩니다.

〈알쓸신잡〉 '경주로 가요' 편에서 유시민 작가와 김영하 소설가가 다음과 같은 대화를 나눕니다.

- 우리나라에서 인세는 도서 정가의 10%가 일반적입니다.
- 계약할 때 발간 부수에 따라 인세 비율을 달리 정할 수도 있지만, 작가가 돈 애기하면 부정적으로 보이니까 일반적으로 10%로 진행합니다.
- 사실 10만 부가 넘어가면 그냥 잉크 묻혀서 내보내는 겁니다.

- 잘나가는 몇 명 작가 작품으로 돈을 벌어 신인 저자 수백 명에게 투자하는 구조입니다.

그런데 실용서는 왜 8%가 기본 인세일까요?

실용서 작가는 유시민 작가 같은 글 전문 작가가 아닙니다. 그래서 원고를 교정교열 보는 데 출판사 노고가 상대적으로 더 들죠. 물론 유시민 작가 같은 전문 작가 글도 출판사에서 이 잡듯 원고를 뜯어보지만, 그 수준이 다릅니다. 그리고 일반적으로 실용서는 소설류보다 더 많은 디자인 요소를 가지고 있어 조판 난도도 높죠. 이런 생산 요소를 고려해 실용서는 기본 인세가 8%입니다. 출판사 노력이 더 많이 들면 인세가 5%나 6%인 경우도 있습니다.

과장되기는 했지만 예를 들어 실용서 영역에서 '종이에 잉크만 묻혀 판다'는 10만 부를 팔 수 있을까요?

결론을 먼저 말씀드리겠습니다. 그건 극적으로 예외적인 몇 권에 속하는 이야기입니다. 책쓰기는 투자 대비 효과가 낮습니다. 그래서 책을 처음으로 쓰시려는 분께 저는 이렇게 말씀드립니다.

"친구와 동남아 여행을 다녀올 돈을 버실 수 있습니다. 그래도 집필하시겠습니까?"

너무 우울한 이야기를 한 것 같으니, 이번에는 희망적인 이야기를 해볼게요. 3대 문학 출판사(문학동네, 문학과지성사, 창작과비평사)의 베스트셀러 판매 통계를 한 번 살펴보겠습니다.

2011년 2012년 자료이기는 한데, 지금까지 서적 시장 총매출은 횡보하고 종당 판매 부수는 더 떨어졌으니까 충분히 참고할 만한 자료입니다.

▶ 3대 문학출판사 2011년/2012년 베스트셀러

문학동네

	2011년	2012년
1위	1Q84(24만 4,000부)	은교(16만 3,000부)
2위	브리다(10만 9,000부)	화차(10만 부)
3위	모르는 여인들(7만 9,000부)	기나긴 하루(7만 2,000부)
4위	낯익은 세상(6만 8,000부)	어디선가 나를 찾는 전화벨이 울리고(6만 8,000부)
5위	어디선가 나를 찾는 전화벨이 울리고(4만 부)	잘가요 엄마(3만 8,000부)

문학과지성사

	2011년	2012년
1위	광장(1만 8,000부)	비행운(3만 3,000부)
2위	친절한 복희씨(1만 2,000부)	광장(1만 3,000부)
3위	당신들의 천국(3,000부)	홍까오량(9,000부)
4위	저녁의 구애(8,500부)	달콤한 나의도시 (8,100부)
5위	달콤한 나의도시(6,200부)	어떤 작위의 세계 (7,000부)

창작과비평사

	2011년	2012년
1위	도가니(50만 부)	엄마를 부탁해(10만 부)
2위	엄마를 부탁해(45만 부)	두근두근 내인생(7만 부)
3위	두근두근 내 인생(18만 부)	태연한 인생(5만 5,000부)

출처 : 조선닷컴

3대 문학 출판사 자료니까, 이 정도면 톱클래스 베스트셀러가 얼마나 팔리는지는 충분히 짐작할 수 있을 겁니다. 2011년에 10만 부 이상 판매된 도서가 6권입니다. 2012년에는 3권입니다. 그중 2011년『엄마를 부탁해』추정 인세를 계산해보겠습니다.(어디까지나 추정 인세입니다. 인세율은 일반 인세율을 적용하고 판매 부수도 정확하지 않을 수 있습니다! 그러니 오해 없길 바랍니다).

- 정가 × 판매 부수 × 인세율 = 12,000 × 450,000 × 10%
  = 540,000,000원(5억 4,000만 원)

역시 큰물이라서 판매 부수와 인세가 남다르군요. 정가가 12,000원일 때 10만 부를 팔면 억대 인세 수입이 되네요. 이 정도면 전업 작가도 못할 일은 아닌 것 같아 보입니다.

그런데 한 해 8만 권 이상 신간(단행본)이 쏟아집니다. 그중 10만 권 판매되는 도서는 극히 일부입니다. 심지어 처음으로 인쇄하는 1쇄를 2,000부도 다 못 팔고 절판되는 도서가 수두룩합니다. 저는 여러분이 진정으로 10만 권 이상 판매되는 책을 쓰시길 빕니다(그리되시면 이 책이 큰 도움이 되었다고 꼭 SNS에 소문내주시기 바랍니다). 하지만 생업을 그만두고 책쓰기에 매달리는 건 현실적으로는 좋은 결정이 아닙니다. 인세 수입이 본업 급여를 뛰어넘는 날이 올 때까지는 부디 전업 작가가 아닌 부업과 취미 생활로 책쓰기를 진행하시길 간곡히 당부드립니다.

참고로 2015년까지 우리나라에서 가장 팔린 책은 이문열의『삼국지』입니다. 1977년 등단한 이문열 작품의 총 판매량이 2,800만 부로 추산됩니다. 2위는 조정래 작가(1,700만 부), 3위는 김진명 작가(600만 부)로 알려져 있습니다.

집필 동기 장착하기(자기 브랜딩)

책을 쓰는 사람은, 전문 작가이거나 적어도 한 분야의 전문가입니다. 여기서는 '전문 작가'를 등단 시스템이라는 큰 기둥을 주축으로 한 문학 계열 작가를 부르는 말로, '전문가'를 IT, 미술, 음악, 요리 같이 특정 전문 분야가 있는 사람을 부르는 말로 정하겠습니다(이 구분은 출판계 합의가 아닙니다. 물론 유시민 작가처럼 비문학 분야에서 활동하는 전문 작가도 있습니다). 전체 출판 분야에서 2018년 문학 서적 발행 비율은 16.4%입니다. 그 외 유아동, 교육, 인문, 예술, 실용 같은 분야 발행 비율은 무려 83.4%입니다. 글을 잘 쓰는 전문 작가보다 특정 분야 전문가가 집필하는 영역이 훨씬 큽니다.

83.4%라니, 전문가에게 큰 기회가 있어 보입니다. 그래서인지 출판사는 전문가로부터 출간 제의 메일을 끊임없이 받습니다. 될 만한 책을 열심히 선별하는 것은 편집자의 일상 업무인데요, 전문가가 쓴 출판 제안서를 살펴보면 판매 부수를 낙관해 적는 경우가 흔합니다. 1만 부, 10만 부 엄청납니다. 이 정도 판매량이면 넉넉한 인세 수입을 책쓰기 동기로 삼아도 충분할 겁니다.

전문 작가는 책쓰기가 본업이니까 책 쓰는 이유 자체를 찾는 것이 이상할 수도 있겠습니다. 작가니까 글을 쓰고, 작가로 살려고 글을 쓰고, 죽는 날까지 작가이고 싶어서 글을 쓰고. 인세 수입으로 생활할 수 있길 바라며 글을 쓰겠죠. 전문 작가가 인세 수입을 고려하는 것은 너무 당연합니다.

그렇지만 책쓰기에 처음 도전하는 전문가가 인세 수입을 동기로 삼으면 막상 출판사와 계약할 때 실망을 하고 말 겁니다. 초판 2,000부 판매도 완판 못하고 파쇄하는 책이 허다합니다. 6개월 동안 매일 카페에서 하루 1만 원씩 지출하며 원고를 썼다고 해볼까요? 6개월 동안 총 180만 원을 카페에 지출하고, 추가로 교통비, 통신비, 식사비까지 더 많은 돈이 들겠죠. 우여곡절 끝에 책을 출간해 2,000부에 해당하는 초판 인세를 받더라도 남는 돈이 거의 없습니다.

좀 암울한 이야기였는데, 논조를 암울하게 잡은 이유는 책을 쓰려는 이유에 인세 수입을 넣지 말라고 거듭 강조하려는 겁니다. 그렇다면 전문가는 왜 책을 써야 할까요? 저는 다음과 같은 이유를 듭니다.

"자기 브랜딩해야 살아남으니까요."

세상에 태어나면 경제 활동은 필연이고, 이왕이면 스스를 명품 브랜드로 가꾸는 게 낫죠. 그러려고 학창시절 다들 열심히 공부하고 회사에서 코피 터지게 일한 거잖아요? 그런데 그것만으로 충분한가요? 누구나 다 승진해서 이사되고 사장되나요? 그렇지 않죠. 어떤 이유에서든 대부분은 회사라는 울타리를 벗어나게 되죠. 울타리 밖에서 어떻게 살아남으시겠습니까? 프랜차이즈 사장님 말고, 평생 갈고닦은 분야 전문가로 인정받으며 일하는 게 낫지 않나요?

천원숍과 명품숍이 공존하는 세상입니다. 스스로를 천원숍이나 프랜차이즈 말고 명품숍으로 모는 방법은 어렵지 않습니다. 본인 이름으로 나온 책 한 권만 있으면 전문가로 인정받을 수 있습니다. 전문가 인증을 자격증으로 기준 삼는 곳도 있지만, 자격증만이 유일한 인증 방법은 아니죠. 과장이고 거짓말 같죠? 그렇지 않습니다. 편집자는 기업체, 관공서로부터 저자 연락처를 알려달라는 전화를 받습니다. 신문, 방송, 잡지사에서도 연락이 옵니다. 책을 쓴 저자가 분야 전문가라고 생각하기 때문에 오는 섭외 전화입니다.[1]

---

1 아무리 담당 편집자라도 연락처를 제3자에게 알려주는 행위는 당사자 동의가 없으면 불법이므로 작가에게 승인을 받은 후에나 전달할 수 있습니다. 연락이 잦으면 미리 작가에게 연락처 제공 의사를 받아 처리하기도 합니다.

책 한 권 냈을 뿐인데 전문가로 인정하고 찾는 이가 생긴 겁니다. 예를 들어 저는 이 책을 쓰고 '책쓰는 편집자'라는 브랜드를 얻게 되었죠. 책처럼 손쉬운 브랜딩 방법이 또 있을까요? 물론 말주변이 있다면 유튜브도 좋은 선택일 겁니다. 그런데 유튜브 스타도 책을 냅니다. 책이 그만큼 강력한 브랜딩 수단이기 때문입니다. 부디 브랜딩 하는 데 도움이 되는 멋진 책을 쓰길 바랍니다.

아 참, 책 한 권 냈다고 뭔가가 극적으로 달라지지는 않습니다. 지속적인 노력이 필요합니다. 이 책 전반에 걸쳐 지속해서 노력하는 방법도 알려드립니다.

1.4
잔소리쟁이 편집자 만나기

삼국지에서 주유는 수전 명장입니다. 반면 노숙처럼 육전에 능한 명장도 있습니다. 누구나 잘하는 바가 있고 특출나지는 않지만 괜찮게 하거나 아예 못하는 바가 있기 마련입니다.

이 글을 읽는 여러분은 어느 한 분야의 명장일 겁니다. 지금 유명세가 있든 없든 자기만의 분야에서 멋진 성과를 내는 프로이고 전문가 말이죠.

하지만 '잘 아는 것'과 '잘 전달하기'는 다른 영역이죠. 좋은 책이라면 내용이 독자에게 잘 전달되어야 합니다. 이런 책을 쓰려면 내용을 쉽게 전달하는 책쓰기 기술이 필요하겠죠. 물론 학창 시절 문학 동아리에서 백일장 상장을 싹쓸이하던 분도 있을 겁니다. 그런데 말입니다, 시를 잘 짓는다고 장편소설을 잘 쓰는 건 아닙니다. 장편소설을 잘 쓴다고 해서 4단 만평을 잘 쓰라는 법도 없죠. 책을 잘 쓰려면 책에 어울리는 능력이 필요합니다.

실용서를 집필하는 데 필요한 10가지 핵심 능력은 다음과 같습니다.

1 전문 지식(전문 용어)
2 지식을 효과적으로 제공하는 구성
3 이해를 쏙쏙 돕는 문장력
4 난생처음 10쪽을 넘는 긴 글을 쓰는 인내력
5 독자를 생각하는 좋은 마음
6 편집자와의 원활한 커뮤니케이션
7 투자 대비 효과는 안 나오지만 슬퍼하지 않을 의지
8 끝없는 단순 반복 작업
9 끝없는 독자 질문에 대응하기
10 끈질긴 마케팅

여러분은 이 중에서 무슨 능력을 갖추고 계시나요? 아마 모든 능력을 갖춘 분은 없을 겁니다.

옹기 만드는 장인에게 흙을 주면 옹기를 만들고, 자기를 만드는 장인에게 흙을 주면 자기를 만들죠. 벽돌을 만드는 장인에게 흙을 주면 벽돌을 만듭니다. 옹기 장인이 벽돌에 관심이 있을 수는 있지만, 옹기 장인이 벽돌 장인처럼 벽돌을 만들긴 힘들 겁니다.

사람들은 자기의 방식으로 세상을 봅니다. 투자가는 좋은 집을 보며 1년에 얼마나 수익을 낼까 생각하지만, 건축가는 무슨 기법을 사용했는지를 따져봅니다. 실적이 좋은 투자가가 당장 실력 있는 건축가가 되긴 힘들겠지만, 이 투자가가 건축가와 협업한다면 투자 가치가 높은 부지를 매입해서 좋은 집을 만들 수도 있겠죠.

그래서 드리는 말씀입니다.

"좋은 편집자가 있는 출판사에 투고하세요."

그럼 좋은 편집자가 여러분을 멘붕에 빠트릴 겁니다. 왜냐하면 좋은 편집자는 여러분이 더 좋은 책을 쓰도록 끝없이 잔소리를 하거든요.

그럼 나쁜 편집자도 있다는 이야길까요? 그렇습니다. 가이드와 피드백이 적을수록 나쁜 편집자라고 할 수 있습니다. 물론 원고가 너무나 완벽하면 좋은 편집자도 가이드와 피드백을 보태기가 어려울 수 있습니다!

기억하세요.
좋은 책을 내고 싶으시면
좋은 편집자를 찾으세요.
멘붕에 빠질 각오는 물론 구비해둬야 합니다.

참고로 저와 함께 책을 쓴 저자님은 모두 일당백입니다. 전쟁터에 나가서 죽지 않아요! 모두 따뜻한 가족의 품으로 살아서 돌아간다고요! 물론 동남아 갈 전리품을 챙겨서요!

1.5

마치며

유튜브 동영상으로 버는 수익과 책 써서 버는 수익을 흔히 비교하죠? "유튜버는 한 해에 몇십억 버는데, 책 써봤자 선인세 받고 끝난다"라는 말을 저도 자주 들습니다. 책쓰기 편에 서서 두둔 한마디 해볼게요. 잘 모르시나 본데 베스트셀러 작가는 억 대 인세 수익을 올립니다. 게다가 대부분 출판사가 처음 생산한 수량에 대한 인세를 지급하죠. 반면 유튜브는 십만 원 대 수익도 쉽지 않습니다.

유튜브 동영상 제작과 집필 수익을 단순 비교하기보다는 개인 브랜딩 시대이므로 내가 되고 싶은 브랜드를 상상하고 나서, 구체적으로 한 걸음씩 다가가는 전략을 세우는 자세가 더 바람직합니다. 개인 브랜딩 전략에 책이 효과적인 지위를 차지하고 있음은 누구도 부연하지 못할 겁니다.

개인 브랜딩 관점에 집필 동기를 삼고, 필요하면 유튜버가 되십시오! 유튜브는 단연코 현존 최고의 플랫폼입니다.

2장

책 쓰며, 글 쓰며 지켜야 할 것들

글쓰기가 곧 책쓰기는 아닙니다. 그렇다고 딱히 다르다고 생각할 필요는 없습니다. 글을 왜 쓸까요? 적어도 이 책에서는 책을 쓰기 위해 글을 쓰는 거니까 책쓰기라고 불러도 괜찮을 것 같습니다. 그래서 이 책에서는 이 둘을 명확히 나누지 않고 혼용합니다.

그런데 이번 장에서는 둘을 조금 다른 의미로 사용하겠습니다. '책쓰기'는 책을 만드는 총체적인 의미로, '글쓰기'는 '문장 쓰기', '문단 쓰기'처럼 좁은 의미로 사용하겠습니다.

이제부터 책과 글을 쓰는 데 도움이 되는 최소한의 조언을 드립니다. 요령이라 해도 좋고 규칙이라도 해도 좋고, 유의점이라고 해도 좋습니다. 하지만 유일한 방법이거나 정답은 아닙니다. 애초에 정답은 없습니다.

다루는 내용은 다음과 같습니다.

1   책쓰기 이것만은 지키자

2   글쓰기 이것만은 지키자

책쓰기 이것만은 지키자

아무리 좋은 보석이라도 꿰어야 보배라고 했습니다. 아무리 가치 있는 원고일지라도 책으로 나와야 더 많은 사람에게 읽힙니다. 그러려면 출판사에서 책을 출간해줘야 하겠죠.

질문 하나 드릴게요.

"여러분이 혼자 쓴 초고가 상업적으로도 성공할 모양새를 갖출 확률이 높을까요?"

'원고가 알차나'와 '잘 팔리게 썼다'는 다른 말입니다. 출판은 문화사업이지만 출판사는 엄연한 영리단체입니다. 책을 팔아 수익을 내고 주주와 임직원과 저자와 나눠 갖습니다.

그래서 출판사는 같은 주제라도 더 잘 팔리게 만들길 원합니다. 그런 관점에서 이제부터 말씀드리는 세 가지만은 꼭 지켜주시길 당부드립니다.

1 집필 완료한 후에 투고하지 마세요

처음부터 다시 쓰는 곤란한 상황이 벌어질 수 있어 드리는 당부입니다. 열에 하나만이 경미한 교정을 수행해 출간할 정도의 품질입니다(물론 이것도 이미 출판을 해본 경험이 있는 저자의 원고일 가능성이 열에 아홉이죠).

'처음부터 다시 쓰기'는 겁주려고 꾸민 이야기가 아닙니다. 투고한 원고 그대로

낸 기억이… 음… 100권 중에 다섯 권 정도 있군요. 이 자리를 빌려 다섯 저자께 감사의 말씀을 드립니다(사실 세 저자입니다. 준 전문 작가께서 세 권 써주셔서요).

오늘도 편집자는 투고 들어온 집필 제안서를 봅니다. 먼저 집필 제안서를 보고 출간할 만하다 싶으면 원고를 확인합니다. 글을 얼마나 쓰나 보려는 겁니다. 원고 품질을 판단하는 기준은 주제를 전문성 있게 담았느냐와 글쓰기 능력이 주축입니다. 대상 독자에 알맞은 수준으로 주제를 담아야 합니다. 경쟁력 있는 특색이 있다면 더 나은 인상을 줄 겁니다. 원고를 보면서 주제를 파악한 편집자는 생각합니다.

'목차를 이래저래 바꾸고, 무언가 특색 있는 요소를 넣으면 더 좋겠다.'

그러고 나서 저자에게 수정 의견을 담아 메일을 보내게 됩니다.

- 따라서 원고를 모두 다 써서 투고하는 것은 시간 낭비입니다.
- 그렇지만 글을 충분히 파악할 정도 분량은 출판사에 제공해야 합니다.
- 샘플 원고 분량은 전체 대비 30% 내외면 좋습니다.

시간도 큰 자산이죠. 그러니 적절한 분량을 완성도 높게 써서 투고하기 바랍니다.

② 담당 편집자와 원활하게 대화하세요

담당 편집자는 첫 번째 독자입니다. 첫 번째 독자를 이해시키지 못하면 수백수천 독자를 이해시킬 수 없습니다. 첫 번째 독자가 OK할 때까지 대화할 자세를 갖춰야 합니다.

품질은 수치로 나타낼 수 없는 가치지만, 독자는 '책 품질이 좋은지 안 좋은지' 직감적으로 알아챕니다. 좋은 책에는 좋은 독자평이 줄줄이 달리지만, 그렇지 않은 책에는 악평이 줄줄이 달립니다. 악평이라도 많이 달리면 다행이죠. 처음 한두 악평에 아예 추가 구매가 끊기고, 악평도 끊기죠.

스스로 만드는 능력과 무관하게 '좋고 나쁨'을 판단할 수 있는 게 사람입니다. (일반적인 능력을 갖춘) 편집자라면 스스로 책을 집필하지는 못해도, 독자로서 원고를 살펴보고 의견을 낼 능력이 있다는 사실에 의심의 여지는 없습니다. 충분한 수정 근거와 그렇지 않을 근거를 저자와 편집자가 번갈아 제시해도 안 풀리는 문제가 간혹 있습니다. 의견에 의견이 쌓이면 기분이 상할 수도 있습니다.

책 판권 페이지에 저자뿐 아니라 편집자도 이름이 들어갑니다. 보통 저자는 완전한 자기 책이라고 생각하지만 애정을 갖고 책을 만드는 편집자도 본인 책이라고 생각합니다. 서로 주인 의식을 가지고 만드니 이보다 좋은 환경이 있을까요? 더 좋은 책을 만들고 싶어서 편집자는 의견을 냅니다. 잘하자고 주고받는 의견을 감정적으로 받아들이면 품질을 개선할 의견을 내기가 어렵습니다. 그러니 태클 건다고 생각하지 마시고, 오히려 '멋진 동료와 함께 만드니 참 다행이다, 안심이야!'라고 생각하는 대화 자세가 반드시 필요합니다.

애초에 협업할 마음이 들지 않을 것 같으면 속 편하게 자가 출판을 하는 것이 좋겠지요.

❸ 본인 이름을 달고 나간다는 사실을 기억하세요

책이 출간되면 끝일까요? 책은 성과뿐 아니라 실패를 안길 수도 있습니다. 저자와 편집자는 사람이라서 당연히 몇 백 쪽에 달하는 책을 완벽하게 만들지 못합니다. 열심히 만든 책이 완벽하지 못하다는 사실에 가슴이 아파오기는 하지만 현실을 받아들여야겠죠. 그래서 책은 집필뿐만 아니라 출간 이후 관리도 중요합니다. 별거 아닌 것 같지만 관리에 따라 성과나 실패가 갈릴 수도 있습니다.

수많은 노력에도 불구하고 책이 출간되면, 언급한 사이트가 없어지거나, 정부 정책이 바뀌거나, 소개한 맛집이 사라지거나, 잘 돌던 예제 코드가 돌지 않을 수도 있습니다. 자잘한 오류도 있을 수 있죠. 정말 열심히 살펴보고 베타 리딩도 하고 감수도 진행했는데 말이죠.

이때 뭐가 필요할까요?

근본적인 해결 방법은 수정 사항을 반영해서 책을 다시 찍는 겁니다. 그렇지만 책을 다시 찍으면 아직 팔지 못한 책을 모두 회수하고 파쇄해야겠죠? 정도에 따라 대응 방법이 다르겠지만 가능하면 호미로 막는 게 좋죠. 호미로 막는 방법은 빠르고 끝없는 관리뿐입니다.

이제부터 여러분은 독자입니다. 독자 심정으로 다음 글을 읽어보세요.

같은 주제를 다루는 책 A와 B가 있습니다. 출간 한 달 만에 오탈자/오류가 두 책 모두 30개씩 보고되었습니다. 책 A 저자는 늑장 대응으로 1년 후에나 오탈자를 정리했습니다. 반면 책 B 저자는 보고된 오탈자를 블로그와 페이스북에 그때그때 정리해 올립니다. 온라인 서점 책 페이지에 오탈자 제보 감사 글과 확인 링크도 남겨둡니다.

어느 책에 더 신뢰가 가나요? 당연히 B 책일 겁니다. 독자의 눈은 매섭습니다. 또한 독자가 복잡한 출판 상황을 온전히 이해하기는 쉽지 않습니다. 수정 사항을 발견한 독자는 침소봉대하여 책을 평가절하하는 경우도 있지만, 따뜻한 마음으로 오탈자를 정리해 메일로 보내주며 응원도 합니다. 하지만 독자가 늘 선하기를 바라는 마음은 버리시는 게 좋습니다. 책에 누적되는 좋지 못한 평가는 장기적으로 경력에 흠이 될 수 있습니다. 따라서 사후관리를 성실히 해서 오류를 흠이 아닌 득으로 만드는 놀라운 기적을 시전해야 합니다.

처음부터 흠이 될 이력을 만들려는 저자는 없을 겁니다.
잊지 마세요,
책 표지에 여러분의 이름이 인쇄되어 있다는 무서운 사실을요.

2.2
글쓰기 이것만은 지키자

나쁜 글을 쓰지 않는 몇 가지 규칙을 알아보겠습니다. 나열하기 부끄러울 징도로 단순한 항목들입니다. '그렇군, 당연히 그렇겠지' 싶은 내용입니다.

1 쉼표를 남용하지 마세요.
2 묶음 표시를 오용하지 마세요.
3 서술어를 짧게 쓰세요.
4 독자에게 자랑하지 마세요.

1 쉼표를 남용하지 마세요

일본어 서적을 펼치면 어마어마한 쉼표에 놀라게 될 것입니다. 일본어는 띄어쓰기가 없습니다. 그러니 쉼표를 사용할밖에요! 게다가 영어도 우리와 다른 규칙으로 쉼표를 사용합니다. 쉼표가 문장 자체를 망치는 것은 아니지만 많으면 읽는 속도를 방해합니다. 말 그대로 쉬고 다시 읽어야 하니까요.

쉼표 역할은 크게 두 가지입니다. 어구를 구분하는 기능과 호흡을 조절하는 기능입니다. 무조건 쓰지 않는 것이 좋다고 할 수는 없습니다. 어구를 확실히 구분해 이해를 돕는 용도라면 써야 합니다. 어구를 구분하는 용도로 쉼표를 사용하고, 불필요하게 호흡을 끊을 때는 사용하지 마세요.

어구를 구분하는 쉼표 쓰기

어구를 구분하는 용도는 쉽죠? 무지개 색을 열거해볼까요?

- 빨간색, 주황색, 노란색, 초록색, 파란색, 남색, 보라색 일곱 가지 무지개 색

쉼표 사용 방법은 초등학교에서 배웠으니 길게 말할 게 없죠. 그런데 문제는 번역투에서 온 사용법입니다. 예를 하나 들게요.

- apple, banana, and orange

위 문장을 우리말로 어떻게 쓰시나요? 다음 예문 중 골라보세요.

1 사과, 바나나, 그리고 오렌지
2 사과, 바나나, 오렌지

1번을 선택하신 분이 적지 않을 겁니다.

영문은 둘 이상을 열거할 때 ', and' 표시를 하죠. 이를 그대로 우리말로 옮기면 ', 그리고'입니다. 그래서 1번을 선택하신 분이 많을 겁니다. 그런데 우리나라 말

은 그렇지 않죠. 그냥 쉼표만 찍으면 그만입니다. 우리말의 용법에 더 적합한 표현은 2번입니다.

꼭 '그리고'를 사용하고 싶다면 다음과 같이 쓰면 됩니다.

- 사과, 바나나 그리고 오렌지

어구를 연결하는 '그리고'는 쉼표를 대신합니다. 쉼표와 '그리고'를 모두 쓰면 중복이고, 우리말은 중복 표현을 과하다 생각해 피합니다.

호흡을 조절하는 쉼표 생략하기

그리고, 그러나, 그러므로, 하지만, 그래서 같은 접속 부사 뒤에 습관적으로 쉼표를 써오셨죠? 하지만 접속 부사는 쉼표 역할을 하니까 쓰지 않는 게 기본적으로는 좋은 습관입니다. 다만 문장이 길어서 이해를 돕고자 끊어 읽기를 강조하는 차원에서는 쉼표와 접속 부사를 함께 쓰는 것이 유용할 수 있습니다.

문장 처음에 접속 부사가 오는 예를 들어볼까요?

- 그러나, 철수는 학교에 가지 못했다.
  → 그러나 철수는 학교에 가지 못했다.

안 쓰면 그만이니 쉽습니다.

그러면 끊어 읽기 강조 예문도 보겠습니다. 온라인 서점에 등록된 박경리 작가의 『토지』 서지 정보에서 발췌한 문장입니다.

- "『토지』에는 평사리의 대지주인 최참판댁의 흥망성쇠를 중심으로 동학혁명, 식민지 시대, 해방에 이르기까지 우리 민족의 한 많은 근현대사가 폭넓게 그려져 있다. 당시 사회의 모든 계층을 아우르는 인물들과 반세기에 걸친 장대한 서사, 그리고 참다운 삶에 대한 끊임없는 탐구 등은 작가의 생생하고 아름다운 문체를 만나 한국문학에 큰 획을 그은 『토지』로 태어났다."

'서사, 그리고'에서 쉼표와 '그리고' 중 하나는 쓰지 않아도 됩니다(문단 중간에 있고 두 줄이 넘는 긴 문장이라 확실히 끊어주고자 '쉼표와 그리고'를 모두 사용한 것으로 보입니다).

② 묶음 표시를 오용하지 마세요

일본어는 대화에 홑낫표(「 」)를 씁니다. 그래서인지 일서 번역 초고에 홑낫표가 춤을 추는 경우가 무척 흔합니다. 영어권에서는 강조든 대화든 주로 큰따옴표를 사용합니다. 우리말은 대화에 큰따옴표를 사용하고 그 외 강조나 묶음 등 용도로 작은따옴표를 사용합니다.

다음 두 가지만 기억하세요.

1 대화에만 큰따옴표를 사용한다(단 출판사 규범에 따라 인용에 사용하기도 한다).
2 그 외는 모두 작은따옴표를 사용한다.

기본 사용법은 규칙이 워낙 명확하니 응용 사용법 하나를 알아보겠습니다. 다음은 철수 단짝 영희가 철수 근황을 선생님께 전하는 말입니다. 큰따옴표와 작은따옴표를 어떻게 사용하는 게 맞을까요?

- 선생님 오늘 철수가 아파서 못 온다고 전해달라고 했습니다.

영희가 하는 말이라 전체를 큰따옴표로 묶어야 합니다. 그럼 철수가 하는 말은 어떻게 해야 할까요? 다음과 같이 하면 어떨까요?

→ "선생님 오늘 철수가 '아파서 못 온다고 전해달라'고 했습니다."

"아파서 못 온다고 전해달라"는 철수가 한 말인데, 큰따옴표 안에 큰따옴표가 있으면 헷갈릴 염려가 있으니 구분하고자 작은따옴표를 사용했습니다.

규칙은 아니지만 책 뒤표지에 싣는 추천사를 보통 큰따옴표로 묶습니다. 추천사를 '추천의 말'이라고도 하죠? 말한다고 생각해서 그런 게 아닌가 싶습니다(저는 그냥 책 소개와 확실히 구분하기 위해 큰따옴표를 씁니다).

❸ 서술어를 짧게 쓰세요

서술어 짧게 쓰기! 이거 정말 쉽지 않습니다. 40대라면 〈개그콘서트〉 수다맨 코너를 기억할 겁니다.

"철수는 밥을 먹고 학교에 가려고 하던 것이었던 것입니다."

수다맨은 웃기려고 이런 아주 긴 서술어를 쓴 거죠. 대미를 확실히 강조해 박수갈채를 받으려는 의도도 있었을 겁니다. 그래야 더 숨차 보이고 긴장감이 고조되니까요. 매번 그런 의도가 잘 적중해 대사를 마친 수다맨은 박수갈채를 받았죠. 여러분이 책에 서술어를 길게 썼다면 두 번째 의도, 즉 강조 차원에서 그렇게 하는 거겠죠. 그런데 서술어를 길게 써서 강조하는 방법은 깔끔하지 못합니다. 장황하고 지저분해서 핵심 전달을 방해할 뿐입니다. 필요하면 형용사나 부사를 사용해 강조하면 됩니다.

다음과 같이 짧게 쓰면 되죠.

- 철수는 밥을 먹고 학교에 가려고 하던 것이었던 것입니다.
    → 철수는 밥을 먹고 학교에 가려던 것입니다.

예문을 더 살펴볼까요?

- 적벽에서 조조를 물리치려고 하는 것이었다.
    → 적벽에서 조조를 물리치려는 것이다.

어렵지 않습니다. 말할 때처럼 쓰면 됩니다. 짧게 써야 명확하고 더 확 와닿습니다! 서술어를 꼭 짧게 써주세요.

4 독자에게 자랑하지 마세요

독자는 책에서 배울 것이 있다고 판단해서 책을 읽습니다. 그런 독자에게 어려운 내용을 늘어놓는 건 어떤 느낌일까요? 자랑하는 느낌 아닐까요? 여기서 말하는 '자랑'의 의미는 다음과 같습니다.

"내가 이만큼 알아, 내 말을 알아듣겠어? 못 알아들으면 당신이 부족한 거야"

대상 독자가 초급자든, 중급자든 상관없습니다. 다양한 부류의 독자가 보게 될 겁니다. 도전 의식이 충만해 어려워도 끝까지 포기하지 않을 독자도 분명 있을 겁니다. 그런데 책에 담긴 내용이 어려워도 척척 알아들을 사람은 여러분 책을 읽지 않을 겁니다. 책을 안 봐도 알거니와, 간혹 모르는 내용이 있으면 구글링해

'내 것'으로 만들 능력자이기 때문입니다.

그러므로 어떤 상황에서도 글을 어렵게 쓰는 건 잘못된 글쓰기입니다. 쉽게 써야 합니다. 앞에 왕초보를 앉혀두고 대화한다고 생각하세요. 왕초보는 여러분 말을 듣다가 모르는 말이 나오면 뭐냐고 수줍게 물어볼 겁니다. 매너와 인내력을 갖춘 사람이라면 그러한 질문에 친절히 답변해주어야겠지요.

쉬운 내용만 쓰라는 게 아닙니다. 초보자도 읽을 수 있게 글을 쓰면 됩니다. '이데아'라는 단어를 쓰고 싶다면 이데아가 무엇인지 한 줄로 간략히 소개합니다. 그만으로 어렵다면 간단한 그림을 그려 설명을 보태거나, 예를 들어 설명해도 좋습니다.

똑똑한 사람이 늘 좋은 선생님은 아니듯이 아는 내용을 글로 푸는 것은 또 다른 능력입니다. 아는 내용을 풀어내기도 바쁜데, 그렇게 하면 언제 글을 다 쓰냐 싶겠죠?

여기서 여러분의 선택은 다음과 같은 결과를 불러옵니다.

1　내 방식으로 풀어내어 나랑 비슷한 지식을 가진 사람만 읽을 수 있는 책을 만든다. → 책을 살 독자 수가 적다.
2　일반적으로 이해할 수 있는 방식으로 풀어내어 여러 사람이 읽을 수 있는 책을 만든다. → 책을 살 독자 수가 많다.

판매할 책이라면 당연히 답은 2번입니다.

독자에게 더 중요한 건 '저자가 얼마나 잘 아느냐'보다는 '책에서 얼마나 배울 수 있느냐'입니다.

2.3
마치며

'피드백이고 뭐고 책으로만 나오면 되니까 어떻게든 빨리 출간해달라'라는 저자가 있는 반면 '출간이 문제가 아니고 아직 나는 더 봐야겠다'는 저자가 있습니다. 극단적인 두 예를 들었지만 일정과 품질은 늘 함께 가는 것이지요.

편집자는 더 빠르고 더 나은 길만 안내해드릴 뿐이지 길을 걷는 사람은 저자입니다. 이 장은 그러한 일환으로 저자와 편집자 모두가 더 적게 일하는 방법을 알려드렸습니다. 뭐 이런 게 팁이야 싶기도 하겠지만, 작은 쌀 한 톨이 모여 한 포대가 되는 법이지요. 작은 것부터 챙겨 일정과 품질 모두 잡기 바랍니다.

3장

경쟁력 갖춘 도서 기획하기

"책을 누가 보나요? 말하고자 하는 바를 어떻게 전달할 건가요?" 제대로 책을 기획했다면 이 질문에 한 줄로 대답할 수 있어야 합니다. 예를 들어 메가 콘텐츠 삼국지로 책을 만든다면 누구를 대상으로, 무엇을 어떻게 전달하겠습니까?

『삼국지』는 '황건적의 난'부터 서진이 오나라를 멸망시켜 중국을 통일한 약 100년간의 역사서입니다. 서진 사람 진수가 썼고, 위나라를 정통으로 삼습니다. 그런데 삼국지는 역사서보다는 나관중이 쓴 소설 『삼국지연의』로 더 잘 알려졌습니다. 소설과 역사서 영역을 뛰어 게임, 웹툰, 팟캐스트 등에 애용되는 콘텐츠가 된 지 오래죠. 예스24 기준 소설/시/희곡 분야에서 740건이 검색될 정도니 삼국지라는 콘텐츠의 강력함이란 정말 형용하기 어렵네요.

그런데 『삼국지』와 『삼국지연의』는 같은 시대를 다루지만 분명 둘은 다릅니다. 『삼국지연의』가 워낙 대중에 잘 알려져 마치 『삼국지』인 양 통용되죠. 지금 세상에 이 둘을 구분하는 것이 무의미할지도 모릅니다. 그래서 저도 이제부터 둘을 구분하지 않고 '삼국지'로 부르겠습니다.

이제부터 경쟁력 갖춘 도서를 기획하는 방법을 삼국지를 소재(혹은 주제)로 다음과 같은 순서로 알아보겠습니다.

1　누구에게
2　무엇을
3　어떻게
4　포지셔닝과 콘셉팅
5　SWOT 분석
6　경쟁서 분석

누구에게

독자가 없는 책은 무의미하죠. 책을 기획하려면 제일 먼저 누구, 즉 대상 독자를 정해야 합니다. 대상 독자를 분류하는 기준으로 무엇이 있을까요? 연령, 직업, 직급, 특정 기술 소유자, 성별 등 다양합니다.

그런데 복잡하게 꼭 대상 독자를 특정할 필요가 있을까요? '모두가 보는 삼국지 책'을 만들면 더 많이 팔지 않을까요? 좋은 의견이긴 한데요, '대상이 좁고 구체적일수록 마케팅 효과가 좋다'는 마케팅 분야의 격언이 있습니다.

여러분이 팀장이라고 해보죠. 팀원 4명에게 다음과 같이 메일을 씁니다.

> "벌써 올해도 석 달이 지났습니다. 지난 우리 팀 성과를 분석해야 합니다. 시간 되시는 분은 내일까지 매출 보고서를 작성해서 제게 보내주세요."

이 메일을 받고 팀원 중 과연 누가 내일 매출 보고서를 작성해 보고할지 정말 궁금해지네요.

저 같으면 다음과 같이 쓰겠습니다.

> "뽀로로 대리님 벌써 올해도 석 달이 지났습니다. 지난 우리 팀 성과를 분석해야 합니다. 내일까지 매출 보고서를 작성해서 제게 보내주세요"

그러면 뽀로로 대리는 갑작스러운 업무 하달에 기분은 상하지만 팀장 지시사항을 이행할 겁니다.

책도 마찬가지죠. 한문을 한가득 써놓고 '어린이에게 좋아요, 청소년에게도 좋아요. 모두 읽으세요'라고 홍보해봤자 읽지 않을 겁니다. 한문 세대에 홍보해야겠죠.

수학에는 공리라는 개념이 있습니다. 증명하지 않아도 되는 기본적인 명제를 공리라 합니다. '대상이 좁고 구체적일수록 마케팅 효과가 좋다'를 공리로 가정하면 책을 기획하는 데 정말 도움이 됩니다. 따라서 이제부터 이를 '마케팅 공리'로 취급하겠습니다. 공리와 취향으로는 논쟁하지 않는 겁니다. 시간 낭비이기 때문이죠. 이 공리를 따르면 '모두'를 대상 독자로 삼는 일은 애초에 불가능합니다.

기존 책에서는 대상 독자를 어떻게 설정했나 살펴볼까요?

분석 『고우영 삼국지』 대상 독자 파악하기

『고우영 삼국지』(애니북스, 2007)는 만화입니다. 만화가 주는 느낌을 떠올려볼까요? 재미있다, 가볍다, 지루하지 않다, 읽고 싶다 같은 단어가 떠오르네요. 여러분도 다르지 않을 겁니다. 그럼 이 책의 대상 독자는 어린이일까요? 그렇지는 않은 것 같습니다. 군사독재 시절 신문에 연재했는데 검열에 10권 분량이 5권으로 강제 추려지는 비운을 겪기도 했거든요. 그럼 성인일까요? '성인'은 앞서 다룬 마케팅 공리에서 벗어납니다. '어린이를 뺀 모두'라는 말과 같으니까요. 더 구체적으로 대상 독자를 추리하는 것이 좋겠습니다.

삼국지 특성을 파악해보죠. 100년간 이야기라서 한 권으로 담기에는 무리가 있죠. 심지어 10권 전권인 삼국지도 있습니다. 한번 읽으려면 마음을 굳게 먹고 긴 시간을 내야 하죠. 긴 시간을 내는 일은 누구에게나 쉽지 않습니다. 처음 읽는다면 끝없이 등장하는 인물에 정신 차리기도 어려울 겁니다.

고우영 작가는 '삼국지에 관심이 있지만 글로만 보기에는 지루하고 부담되는 성인'을 대상 독자로 삼지 않았을까요? 혹은 '멋진 그림을 곁들여 삼국지를 재미나게 읽고 싶은 성인'이 대상일 수도 있죠. '삼국지에 흥미는 없지만 만화를 좋아하는 일간 신문 애독자'를 2차 독자로 삼았을 수도 있죠. 제가 고우영 작가가 아니므로 정답은 아닙니다. 여러분도 나름대로 대상 독자를 정해보시죠.

▶ 『고우영 삼국지』 대상 독자 설정

도서명	대상 독자
『고우영 삼국지』	1차 독자 : 2차 독자 :

분석 『성공을 말하는 조조의 12가지 덕목』 대상 독자 파악하기

상관이셴 저, 이지은 역, 『성공을 말하는 조조의 12가지 덕목』(생각하는백성, 2009)의 온라인 서지 정보에 다음과 같은 소개가 있습니다.

"총 12개의 주제로 짜여진 이 책은, 조조의 인간성부터 인재 관리·인맥 형성·철저한 계획성 등 그가 시대를 선도한 영웅으로서 치열한 경쟁에서 살아남은 비법을 객관적이고 상세하게 다룬다. 주제의 마지막에는 조조의 지혜를 현대적으로 재해석한 '성공 노하우'가 제시된다. 조건이 갖춰지지 않았을 때 자신의 패를 숨기는 방법, 사람을 제대로 부리는 방법, 위기 속에서도 여유를 잃지 않는 방법, 자신의 발톱을 숨기는 방법 등 난세에 더욱 빛나는 조조의 지혜를 만나보자."

조조라는 인물의 성공 노하우를 알려주는 책이군요. 이 책은 누가 볼까요? 조조는 위나라 기틀을 마련한 삼국시대 영웅입니다. 나라를 세우고 다스리는 것을 기업 창업과 경영에 자주 비유합니다. 그런 관점에서 기업을 이끄는 경영자가 읽으면 좋겠습니다. 기업을 경영하지는 않지만 자기계발 목적으로 읽는 직장인도 대상 독자로 어울릴 것 같습니다. 여러분도 1차 독자와 2차 독자를 정해보겠습니까?

▶ 『성공을 말하는 조조의 12가지 덕목』 대상 독자 설정

도서명	대상 독자
『성공을 말하는 조조의 12가지 덕목』	1차 독자 : 2차 독자 :

1차 독자와 2차 독자를 정하고 나니 정말 그 사람들이 적극적으로 구매해줄 것 같은 생각이 드시나요? 그렇다면 제대로 대상 독자를 정의한 겁니다.

무엇을

이미 삼국지라는 소재(주제)로 삼아놓고 '무엇'이라니? 당연히 삼국지를 알려주 겠지'라고 생각했다면 이 역시 마케팅 공리에서 벗어난 겁니다. 그냥 삼국지가 아닙니다. 『고우영 삼국지』는 촉한 정통론 입장에서 도원의 결의부터 제갈량 사 망까지를 다룹니다. 『성공을 말하는 조조의 12가지 덕목』에서는 조조라는 인물 의 난세 처세술을 다루죠.

분석 왜 『고우영 삼국지』는 제갈량 사후까지만 자세히 다루나?

『고우영 삼국지』의 '무엇을' 살펴봅시다. 제갈량은 234년 8월에 사망했습니다. 오나라는 서진한테 280년에 멸망 당합니다. 삼국지는 총 100년간 이야기입니다. 제갈량이 죽을 때까지 50년간 이야기가 10권 분량이므로, 사후 50년을 단순 계 산하면 10권 분량이겠군요. 그럼 도합 20권짜리 책이 되겠네요. 총 100년 이야기 를 모두 다루면서 인상 깊은 초기 영웅이 모두 죽은 이후 이야기도 흥미진진하 게 이끄는 일은 쉽지 않습니다. 중후기에도 두예, 육항, 문앙, 왕준 같은 명장이 줄줄이 등장하지만, 한번 식은 쇳물을 다시 끓이는 일은 쉽지 않은 법이니까요.

그래서 작가는 삼국지 최고 지략가 제갈량이 죽는 시점까지만 상세히 다루고 그 이후에는 간략하게 중요한 내용만 훑은 게 아닐까요? '무엇을' 설정하는 고우영 작가의 고뇌가 분명 있었을 거라고 저는 짐작해봅니다.

왜 『성공을 말하는 조조의 12가지 덕목』 저자는 조조를 선택했나?

『성공을 말하는 조조의 12가지 덕목』 저자는 왜 조조를 선택했을까요? 위촉오 창업 군주 중 가장 인기가 많은 인물은 아마 유비일 겁니다. 적어도 촉한정통론이 대세인 과거에는 말이죠. 조조는 나쁜 인간, 간신배, 색마 취급이나 받는 인물이죠. 그런데 현대적인 시각에서는 조조가 좀 매력적인 인물입니다.

유비는 짚신 장수에서 일국의 황제가 된 입지적인 인물이지만, 오 토벌전으로 촉을 망국의 길로 인도했죠. 수성지존 손권 역시 말년 폭정으로 나라를 망하게 했죠. 반면 조조는 능력 중심으로 인재를 등용해 삼국 통일의 기틀을 아들 조비에게 물려주었습니다. 여러 사람이 만류해도 성격이 괴팍한 곽가를 등용해 당대 최고 실력자 원소를 물리치고 하북을 평정하면서 최고 실력자가 되었고, 원소와 내통한 증거를 모두 불태우는 신의 한 수를 두기도 했습니다. 둔전제를 실행해 국력을 키웠으며, 끝없는 기지로 난세를 헤쳐나간 인물이죠.

감정을 덜어내고 사실을 직시하니 '성공'이라는 단어가 가장 잘 어울리는 인물은 유비 · 조조 · 손권 중에 '조조'임에 틀림없군요. 저자는 이런 이유로 '책의 무엇'으로 '조조의 성공 노하우'를 택했을 겁니다.

어떻게

대상 독자와 무엇을 정했으니 어떻게 전달할지 정해봅시다.

분석 **『고우영 삼국지』는 주제를 어떻게 전달하나?**

『고우영 삼국지』는 현대적인 감각으로 이야기를 풀어갑니다. 관우와 제갈량을 넘버 2 자리를 차지하려는 대립 관계로 설정하고 관우의 죽음을 제갈량이 방조했다고 묘사하죠. 조조를 통찰력 있는 개혁가, 유비를 능글맞은 간웅으로 재해석합니다. 황건적은 60년대 히트곡 '노란 샤쓰의 사나이'를 군가로 사용하는 등 새로운 시각과 현대적인 유희를 맛깔나게 섞었습니다.

분석 **『성공을 말하는 조조의 12가지 덕목』은 주제를 어떻게 전달하나?**

『성공을 말하는 조조의 12가지 덕목』 역시 간웅 조조를 제대로 나라의 기틀을 마련한 영웅으로 보고 '소중한 인내, 상황에 맞는 자신만의 캐릭터를 만들어라', '진정한 용기, 세상을 얻고 싶다면 용기를 배워라', '정직한 실력, 살아남을 수 있는 실력을 길러라' 같은 12가지 실천 덕목을 제시해 분석합니다. 조조의 리더십을 본받으면 성공할 수 있다는 메시지를 보내는 거죠.

포지셔닝과 콘셉팅

『고우영 삼국지』와 『성공을 말하는 조조의 12가지 덕목』으로 누구에게, 무엇을, 어떻게를 알아봤습니다. 이 셋을 한 줄로 규정할 수 있어야 합니다. 이를 콘셉팅이라고 합니다. '콘셉트를 잡다', '콘셉트를 정하다'는 모두 같은 말입니다. 콘셉트를 잡을 때 포지셔닝은 중요한 판단 기준을 제시합니다.

> **분석** **『고우영 삼국지』와 『성공을 말하는 조조의 12가지 덕목』 콘셉트 살펴보기**
>
> 두 책의 콘셉트를 적어볼까요?
>
> - 『고우영 삼국지』: 장편 소설 삼국지를 읽을 여유가 충분하지 않은 성인에게 현대적인 시각으로 재해석해서 제갈량 사후까지 다룬 삼국지를 만화로 제공한다.
> - 『성공을 말하는 조조의 12가지 덕목』: 기업 경영자에게 개혁가로서 조조의 면모를 12가지 덕목으로 제시한다.

> **분석** **『고우영 삼국지』와 『성공을 말하는 조조의 12가지 덕목』 포지셔닝 살펴보기**
>
> 이렇게 콘셉트를 잡으니 자동으로 포지선도 잡힙니다. 포지선은 시장에서 차지

하는 위치입니다. 가로와 세로 축으로 구성되고, 축이 무엇인지는 임의로 정할 수 있습니다. 예를 들어 위 두 책을 학습성, 대중성을 축으로 해서 포지션을 알아볼까요?

▶ 포지셔닝 예

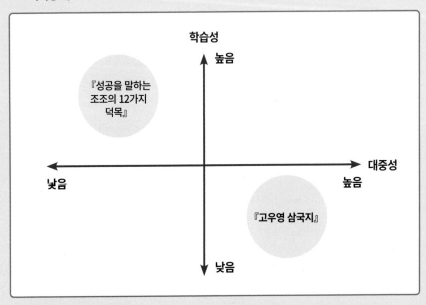

삼국지를 새롭게 해석한 명저 『고우영 삼국지』를 무시하는 건 아닙니다. 다만 대놓고 공부하는 책은 아니므로 학습성을 낮게, 하지만 만화라는 접하기 쉬운 방법을 취하고 재미 요소를 잔뜩 넣었으니 대중성을 높게 잡아보았습니다. 반면 『성공을 말하는 조조의 12가지 덕목』은 자기계발서 성격이므로 학습성을 높게, 경영자라는 좁은 대상 독자 선정으로 대중성을 낮게 설정했습니다.

X축과 Y축은 시장을 바라보는 관점입니다. 다시 강조하지만 학습성과 대중성 말고 다른 것들로 설정해도 됩니다. 시장에서 위치를 정하는 것을 포지셔닝이라고 합니다. 콘셉트는 시장에서 위치를 고려해 정해야 합니다. '닭이 먼저냐 알이

먼저냐라는 명제처럼 포지셔닝과 콘셉팅도 엮여 있습니다. 콘셉팅에 포지셔닝이 도움이 되고, 콘셉팅을 하면 시장에서 위치가 결정됩니다.

SWOT 분석

시장에서 포지션을 정할 때 수익은 굉장히 중요한 판단 기준입니다. 위 예에서는 매출이라는 관점이 안 보이네요. 대중성을 수익성으로 바꾸면 어떻게 될까요? 매출이 눈에 보일 겁니다. 그런데 수익성이 높은 곳에 위치했다고 꼭 매출이 높은 것은 아닙니다. 어떤 콘셉트로 만드냐가 중요하고 그 콘셉트가 경쟁력이 있어야 하는 거죠. 그래서 SWOT 분석이 필요합니다.

SWOT는 강점strength, 약점weakness, 기회opportunity, 위협threat의 약어입니다. SWOT 분석을 할 때 내부 요인과 외부 요인을 구분해 적어야 합니다. 강점과 약점은 내부 요인, 기회와 위기는 외부 요인입니다.

▶ SWOT 분석표

	목표 달성에 유용한	목표 달성에 해로운
내부 요인	강점	약점
외부 요인	기회	위기

분석 『고우영 삼국지』 SWOT 분석하기

『고우영 삼국지』으로 SWOT 분석을 해보겠습니다. 1978년 기획 당시로 타임머신을 타고 돌아가 고우영 작가로 빙의하여 적겠습니다.

▶ 『고우영 삼국지』 SWOT 분석 예

	목표 달성에 유용한	목표 달성에 해로운
내부 요인	• 작가가 유명 만화가다. • 만화라서 누구나 쉽게 접할 수 있다. • 새로운 해석으로 관심을 끌 수 있다. • 신문 구독자를 초기 독자로 확보할 수 있다. • 딱 재미있는 시기까지만 다룬다.	• 너무 급진적인 재해석으로 반감을 살 수 있다. • 최신 유행을 담아 시간이 지나면 유치해 보일 수 있다. • 폭력성과 선정성으로 청소년까지 독자를 넓히지 못한다.
외부 요인	• 급격한 경제발전 상황을 난세에 비유한다. • 만화로 삼국지를 푼 사례가 없다. • 중국과 일본에서 삼국지 책이 꾸준히 출간되고 인기를 끈다.	• 성인용이라 연재 금지당할 수 있다.

실습 『성공을 말하는 조조의 12가지 덕목』 SWOT 분석하기

『성공을 말하는 조조의 12가지 덕목』는 여러분이 직접 작성해보시죠. 온라인 서점에 있는 도서 소개를 참조하면 도움이 될 겁니다.

▶ 『성공을 말하는 조조의 12가지 덕목』 SWOT 분석

	목표 달성에 유용한	목표 달성에 해로운
내부 요인	• • • •	• • • •
외부 요인	• • • •	• • • •

이렇게 SWOT 분석을 진행해 도서 경쟁력을 파악해 콘셉트와 시장에서 포지션을 정하는 데 활용하기 바랍니다.

3.6

경쟁서 분석 : 지피지기면 백전불태

SWOT 분석을 하려면 외부 요인을 적어야 하는데, 강력한 외부 요인으로 경쟁서를 들 수 있습니다. 관련 주제로 도서가 한 권도 없다면 참 다행이겠는데, 이미 잘나가는 대표 도서가 있다면 어떻게 해야 할까요? 똑같은 콘셉트와 포지션으로 경쟁해야 할까요? 이제부터 대처 방법을 알아봅시다.

1 공성전 : 대표 도서 끌어내리기

후발 도서로서 대표 도서를 끌어내리는 상황을 공성전에 비유할 수 있습니다.

성이나 고지를 빼앗으려면 3배에서 10배 병력이 있어야 가능하다는 게 정설인데요, 제2차 세계 대전 때 벌어진 노르망디 상륙 작전에서 연합군 사상자는 1만 명 이상이고 독일군은 1,000명이었습니다. 인명 피해만 계산하면 딱 10배입니다.

대표 도서의 경쟁력은 강력합니다. 10배는 아니더라도 기존보다 더 강력한 경쟁력을 장착하는 일은 쉽지 않죠. 정공법으로 어렵다면 우회 방법을 고안해야겠죠. 혹은 적절한 때를 기다는 것도 방법이죠. 우회 방법은 간단합니다. 가장 큰 시장을 포기하고 그 대신 의미있는 성과를 낼 수 있는 시장을 차지하면 됩니다. 콘셉트와 포지션을 바꾸는 거죠. 아니면 대표 서적과 정면충돌해서 의미 있는 2위를 차지하는 것도 나쁘지 않은 방법입니다.

❷ 때를 기다리기 : 첫 번째 책으로 출간하기

때를 기다리는 방법은 무엇일까요? 포토샵이나 일러스트레이터 같은 IT 도구는 정기적으로 업데이트됩니다. 업데이트 시점을 노려 새 버전 첫 책으로 출간한다면 콘셉트와 포지션을 바꾸지 않고도 대표 도서 자리를 꿰찰 수도 있습니다. 물론 내실이 있어야 합니다. 안 그러면 이후 출간되는 도서에 밀리게 될 겁니다. 꼭 IT 서적만 때를 기다려야 하는 것은 아닙니다. 일본 여행 도서를 기획했다고 합시다. 요즘처럼 일본 여행 기피 여론이 강할 때는 출간을 미루거나 포기해야겠죠?

❸ 지피지기 : 경쟁서 세 가지 핵심 분석 요소

정공법을 택하든 우회 방법을 택하든 우선은 경쟁서를 분석해야 합니다. 시장에서 경쟁서를 뽑아보세요. 의미 있는 경쟁서와 의미 없는 경쟁서 모두를 뽑습니다. 승자에게서도 배워야겠지만, 패자에게서 배워야 합니다. 왜 잘 팔렸는지와 왜 안 팔렸는지를 분석해야 합니다. 자칫 잘 팔린 책을 우회하다 안 팔린 책을 답습할 수도 있으니까요.

따라서 가능하면 경쟁서를 구매해서 분석해야 합니다. 전체를 읽지는 않더라도 장단점을 파악하는 수준으로는 읽어야 합니다. 콘셉트를 잡을 때 활용하고 출판사에 투고할 때 경쟁서 분석 내용을 제시해야 합니다. 지피지기면 백전불태[1]라 했습니다. 책쓰기용으로 해석하면 '경쟁서를 알면 폭망하지는 않는다'입니다.

경쟁서를 어떻게 분석할까요? SWOT 분석과 포지셔닝을 이미 알고 있지 않습니까? 그 둘을 활용하면 됩니다. '경쟁서 콘셉트를 한 줄로 정의하기'까지가 핵심 분석 3요소입니다.

▶ 경쟁서 분석 핵심 3요소

④ 공존 전략 : 의미 있는 2위 하기

내 책이 주제(분야) 1위를 하면 얼마나 좋을까요? 그런데 1위는 딱 한 저자, 한 책에만 주어지는 영광입니다.

삼국지 이야기를 마저 해볼까요? 하북과 서주를 차지한 조조가 남하하자 촉과 오가 동맹을 맺죠. 이때는 이미 조조가 천하를 가졌다 해도 과언이 아닐 정도로

---

1 백전불패는 잘못된 말입니다. '백 번 싸워도 위태롭지 않다'는 뜻의 백전불태가 맞습니다.

강력했습니다. 비옥하고 광활한 땅과 강력한 군사력을 갖춘 형주를 이끌던 유종도 감히 조조와 대적할 생각을 못 하고 무조건 항복을 했죠. 『통전』에 따르면 삼국이 정립되고 시간이 지난 후에야 위촉오 국력이 4:1:2 정도가 되었습니다.

▶ **위촉오 인구 비교**

	위나라	촉나라	오나라
년도	263년	263년	280년
인구	443만 명	94만 명	230만 명

출처 : 『통전』

1차 오촉 동맹 당시 유비에게 국력이란 통솔하던 휘하 군사가 전부이고, 손권에게는 강동 일부가 전부죠. 국력 차도 엄청난 데다가 문무 대신이 단단히 뭉치지 못하고 항복과 결전 의견으로 갈릴 때 손권은 왜 항복하지 않았을까요?

적벽에서 조조를 물리치면 적어도 의미 있는 2위를 차지할 수 있다는 판단 아니었을까요? 후일을 도모해서 1위를 차지하려 했던 거죠. 그 당시 조조밖에 보이지 않았을 겁니다. 유비는 땅 하나 없는 방랑군이라 라이벌로 여길 정도가 아니었을 겁니다. 비록 손권이 천하통일을 하지는 못했지만, 2인자답게 촉보다 더 오래 살아남았죠.

책도 마찬가지입니다. 2위를 하더라도 의미가 있을 수 있죠. 시장 크기가 크면 됩니다. 그중에서도 1위, 즉 대표 도서가 있는 그 포지션이 제일 시장이 크죠. 1위만 살아가는 세상 아닙니다. 2위도 의미 있다 판단되면 지금 즉시 도전해도 좋습니다.

마치며

경쟁력을 갖춘 도서를 기획하는 기법을 알아보았습니다. 생각보다 지루하고 복잡해서 '집필하면서 이렇게까지 기획해야 하나, 이렇게 안 해도 잘 쓰는데'라는 생각이 들 수도 있습니다. 생각하신 바대로 때로는 이런 복잡한 과정을 다 따를 필요가 없습니다. 그러면 도대체 왜 이런 과정을 거치라는 걸까요?

예를 들어 고음을 잘 내려면 고개를 들지 않고 소리를 내야 한다는 사실을 다들 아시죠? 〈K팝스타〉에서 JYP가 고개를 들고 고음을 내는 참가자를 지적하는 모습을 한 번쯤 보았을 거라 국민 상식이라고 해도 과언이 아닐 겁니다. 그런데 임재범이나 박정현 같은 가수가 고음에서 고개를 드는 모습을 종종 볼 수 있습니다. 모두 잘못된 발성을 했을까요? 그렇지 않습니다. 내공이 깊으면 형식에 구애받지 않는 법입니다. 임재범과 박정현처럼 엄청난 내공을 지닌 가수는 고개를 들었다고 해서 소리를 잘못 내지 않습니다(그 정도는 다 조절이 되니까 고개를 든 겁니다). 따라서 JYP에게 꾸지람을 들을 일이 없죠.

책 기획도 마찬가지입니다. 머릿속에서 순식간에 경쟁력 있는 책을 구상하는 비범한 분이라면 여기서 제시한 복잡한 과정을 다 따를 필요는 없습니다. (출판사에 소개해야 하니) 한 줄 콘셉팅만 하면 됩니다. 하지만 매번 출판사 문턱에서 좌절했다면 여기서 배운 내용을 출판사가 OK하는 책 기획의 출발선으로 삼기 바랍니다.

4장

출판사에 투고하기까지

자기 출판이 유행입니다. 누구나 저자가 될 수 있는 거죠. 자가 출판을 하면 수익 대부분을 저자가 가져가니 귀가 솔깃합니다. 그런데 현실은 그렇지 않습니다. 자가 출판으로 얻는 수익은 정말 적습니다. 왜냐하면 일반적으로 자가 출판 서적 품질은 메이저 출판사에서 출간된 책보다 낮습니다. 독자 눈높이에 미달되는 경우가 많은 거죠. 포장이나 마케팅/홍보 등 모든 면에서 경쟁이 안 됩니다.

그래서 메이저 출판사에서 출간했을 때 얻는 수익이 자가 출판으로 얻는 수익보다 대개 더 큽니다. 물론 대개의 경우입니다. 예외는 (아마도) 있겠죠!

자가 출판을 하려는 게 아니라면 언젠가는 출판사에 투고를 하게 됩니다. 이제부터 투고 이전까지의 과정을 알아보겠습니다.

다루는 내용은 다음과 같습니다.

1   편집 도구 선택하기

2   집필 계획서 작성하기

3   용어표 만들기

4   샘플 원고 집필하기

5   원고 제안서 쓰기

6   원고 제안서 투고

편집 도구 선택하기

연장이 좋아야 일하기 편하죠? 순가락으로도 집 지을 땅을 파면 파겠지만 포클레인으로 팔 때와 효율을 비교할 수 없죠. 글쓰기도 마찬가지입니다. 메모장에 쓸 수도 있겠지만, 메모장은 기능이 빈약해 효율이 좋지 못하죠. 원고를 날리기 십상이고, 되돌리기도 한 번밖에 제공되지 않으니까요.

그렇다면 집필에 유용한 도구가 뭐가 있는지 알아봅시다. 다루는 내용은 다음과 같습니다.

- 편집 도구 비교하기
- 원고 분할 기준 정하기

1 편집 도구 비교하기

출판사에 투고되는 원고 파일 형식은 크게 세 가지입니다. 한글, MS 워드, 어도비 PDF입니다. 어도비 PDF는 다양한 편집 도구에서 출력 양식으로 사용하므로, 반드시 어도비 라이터로 썼다고 볼 수는 없겠네요.

대표 편집 도구는 다음과 같습니다.

- 한컴오피스(한글)
- MS 오피스(워드)
- 구글 드라이브(문서)

- 레이텍/텍(LaTex / TeX)
- 깃허브
- 기타 블로그

한컴오피스는 관공서 및 학교에서 주로 사용합니다. 편집 및 표 기능이 아주 강력합니다. 특히 맞춤법 검사 기능이 탁월합니다.

MS 오피스는 기업체에서 주로 씁니다. 회사원에게 친숙한 도구입니다. 클라우드 서비스 기반으로 옮겨가고 있습니다.

구글 드라이브는 한번 빠지면 헤어날 수 없는 클라우드 기반 문서 도구로, 앞에서 언급한 두 오피스에서 제공하는 문서, 스프레드시트 등 다양한 도구를 제공합니다. 공유 협업 기능이 아주 강력하고, 꼭 필요한 핵심 기능 위주로 제공합니다. 다양한 플러그인을 설치해 부가 기능을 추가할 수 있어요. 그렇지만 맞춤법 검사 기능은 기대할 바가 못됩니다.

레이텍/텍은 논문 쓸 때 사용하는 강력한 도구입니다. 아쉽게도 출판 편집자 대부분이 이 도구를 사용할 줄 모릅니다. 그 이유는 워드프로세서가 아니라 조판 도구이기 때문입니다. 빠른 논문 출간이 중요한 학문 분야에서 출간까지 기간 단축을 하려고 저자가 직접 조판을 하면서 편집 도구로 자리 잡았다는 설이 있습니다.[1]

깃허브는 개발자에 친숙한 도구인데요, 최근에는 블로그로도 사용하는 등 글쓰기 플랫폼으로 자리를 잡고 있습니다. 동시성은 보장되지만 크고 작은 수정이 엄청나게 많은 실용서 집필에 사용하기에는 커뮤니케이션 기능이 떨어집니다.

---

1 bit.ly/2HauAnU

다만 출판사에서 원고를 교정교열하기 전까지 초안 작성용으로는 좋은 선택일 수 있습니다. 블로그 기능도 제공하거든요. 하지만 편집자에게 원고를 제공하려면 마크다운 기호를 없애야 하니까, 여러모로 불편합니다.

블로그 역시 글쓰기 플랫폼으로 아주 좋습니다. 책에 싣게 될 초벌 원고를 작성하고 독자 반응을 살펴보는 용도로 적합합니다. 깃허브와 마찬가지로 편집자와의 커뮤니케이션이 어렵습니다. 자칫 통신 문제로 쓰던 글을 날릴 수도 있습니다.

장단점을 정리해보겠습니다. 대부분의 편집자가 사용할 줄 모르는 레이텍/텍은 이쯤에서 제외하고 이야기를 진행하겠습니다.

▶ 편집 도구 장단점 비교

구분	한컴오피스	MS 오피스	구글 드라이브	깃허브	블로그
수정 이력	좋음 (수정 후 확인)	좋음 (수정 후 확인)	최고(제안 모드로 수정)	좋음 (수정 후 확인)	미지원
동시 작업	한컴오피스 웹	오피스 365	○	○	미지원
맞춤법 검사	최고	좋음	별로	미지원	미지원
범용성	관공서/학교	기업	기업/개발자	개발자	범용
도구 셋	풍부	풍부	풍부	미지원 (플러그인 지원)	미지원
단축키	최고	좋음	좋음	별로	별로
비용	유료	유료	무료	무료	무료
안정성	좋음	좋음	최고	낮음	낮음

다들 예상하셨겠지만 한컴오피스, MS 오피스, 구글 드라이브가 좋아 보이네요. 이 셋 중 하나로 작업하면 되는데, 출판사나 편집자마다 호불호가 갈립니다.

유료 도구로 작성한 파일을 투고한 경우 출판사에서 구매해 사용하지 않으면 아예 원고 자체를 출판사에서 확인할 수 없습니다(물론 PDF로 변환해서 출판사에 투고하는 방법도 있습니다).

참고로 저는 구글 드라이브를 가장 추천해드립니다. 원고가 로컬 PC에 있지 않아서 인터넷에 접속하면 언제 어디서든 집필이 가능합니다. 워드프로세서를 사용하다가 쓴 글을 날린 경험이 다들 있으시죠? 구글 드라이브를 사용하면 그런 일이 벌어지지 않습니다! 심지어 PC를 도난당해도 원고는 남아 있죠.

무엇보다 공저자나 편집자와 동시에 한 원고를 편집할 수 있어서, 원고가 완성될 때까지 무한정 기다릴 필요가 없습니다. 동기화에도 문제가 없죠. 게다가 구글 문서는 워드로 다운로드가 됩니다. 물론 그 반대도 가능하죠. 그런데 한컴오피스는 워드나 구글 드라이브로 한 번에 원활한 변환이 안 됩니다.

다만 출판사 업무 환경은 IT 기업에 비해 느리게 바뀌는 편입니다. 아직은 구글 드라이브 기반으로 원고를 주고받는 곳이 적습니다.

❷ 원고 분할 기준 정하기

조금 엉뚱한 주제를 다룬다는 생각이 들 수도 있습니다. 그런데 책을 쓰다 보면 원고 분할 여부는 적지 않게 고민을 안겨줍니다.

모든 원고가 한 파일에 있으면 전체 반영이 쉽고 원고 내 참조도 수월합니다. 반면 편집자와 피드백을 주고받는 데 걸리는 기간이 길고, 동작이 느리고, 프로그램 오류로 원고를 한방에 날릴 가능성도 있습니다.

요즘은 편집 도구가 좋아 100쪽 정도는 무난하게 작업할 수 있습니다. 200쪽도 가능합니다.

문서에서 편집자와 의견을 주고받는 방법은 크게 두 가지입니다.

- 변경 이력 추적
- 메모

변경 이력 추적 기능을 켜면 서로 바꾼 내용을 확인할 수 있습니다. 논의할 내용은 메모로 달죠. 한 번은 20쪽 원고에 피드백 메모 100개를 단 경우가 있었습니다. 이처럼 한 파일에 메모를 100개 달고 변경 이력 추적 기능을 켜두면 최신 편집 도구라도 버벅거립니다. 20쪽이 이 정도라면 100쪽 피드백은 어림없을 겁니다. 반면 원고 완성도가 높으면 200쪽이어도 수정자가 거의 없어 문제가 없겠죠.

원고 완성도에 따라 장 단위로 파일을 분리하거나, 파일 하나에 모든 원고를 담으면 됩니다. 아직 편집자와 협업하지 않고 저자 혼자 집필할 때는 변경 이력 추적 기능을 사용하지 않죠. 메모 달 일도 역시 많지 않으니 파일 하나에 글을 써도 문제가 없을 겁니다.

▶ **경우에 따른 파일 분할 기준**

구분	장 단위 원고	전체 원고
초벌 원고 작성할 때	장 분량이 너무 많을 때 적절	적절
편집자와 원고를 다듬을 때	장 분량이 많고 피드백 양이 많을 때 적절	분량이 과도하게 많지 않고, 완성도가 높을 때 적절

집필 계획서 작성하기

지금 당장 책을 써보세요. 무엇부터 시작하시겠습니까? 저라면 집필 계획서를 작성할 겁니다. 집을 지으려면 설계도를 먼저 그려야겠지요? 고양이 집을 만들 때도 설계도를 그립니다. 책쓰기에 1년 이상이 걸릴 수도 있습니다. 제대로 쓰려면 당연히 계획서가 있어야 합니다. 그리고 시작할 때 계획서가 없더라도 출판사에 원고를 투고하려면 어차피 〈원고 소개서〉를 작성해야 합니다.

그러니 집필 계획서를 작성하고 나서 본격적으로 집필에 들어가는 게 좋습니다.

그럼 집필 계획서는 어떻게 생겼을까요? 궁금하시죠?

공인된 집필 계획서 양식은 없습니다. 출판사에 투고할 때 작성하는 원고 소개서 역시 출판사마다 다르거든요. 그렇지만 꼭 담아야 하는 핵심 사항은 거의 같습니다.

1 핵심 사항 정하기

"누구한테 무엇을 어떻게 제공한다."

이게 핵심입니다. 이를 한 줄로 정리할 수 없으면 책을 써도 구매할 독자가 없는 거랑 다를 바가 없습니다. 핵심 사항을 정하는 방법은 이미 3장 '경쟁력 갖춘 도서 구상하기'에서 살펴봤습니다. 『삼국지』와 『성공을 말하는 조조의 12가지 덕목』을 분석하며 SWOT 분석까지 살펴봤죠. 지금 읽는 이 책을 사례로 살펴보고 여러분 책의 핵심 사항을 정하는 시간을 가질게요.

이 책의 대상 독자와 콘셉트를 알아볼까요?

- 대상 독자 : 브랜딩 관점에서 출판에 관심 있는 분, 출판사에 투고했으나 매번 거절 메일을 받는 분, 자가 출판을 고민하시는 분. 출판 편집 입문자.
- 콘셉트 : 출판사가 반기는 실용서를 집필하는 A에서 Z까지를 실무적인 관점에서 알려준다.

시장에서 위치를 정해보겠습니다. 시장성과 책쓰기/글쓰기를 기준으로 해봤습니다.

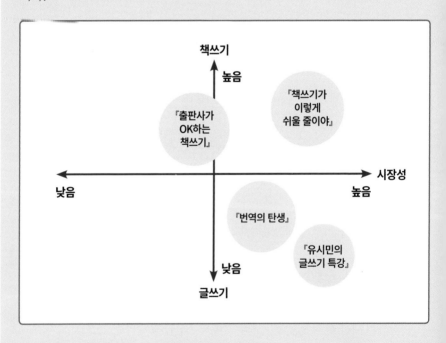

이제 제목과 부제를 알아볼까요?

- 제목 : 출판사가 OK하는 책쓰기
- 부제 : 악마 편집자가 신랄하게 알려준다! 책 기획부터 글쓰기, 마케팅, 저작권
  까지 10년간 100권 출간한 편집자의 노하우 대공개

이번에는 여러분 차례입니다.

실습 『여러분의 책』 핵심 사항 정하기

여러분이 쓰려는 책의 독자와 콘셉트를 작성해보세요.

- 대상 독자 :
- 콘셉트 :

시장에서 위치도 잡아보겠습니다.

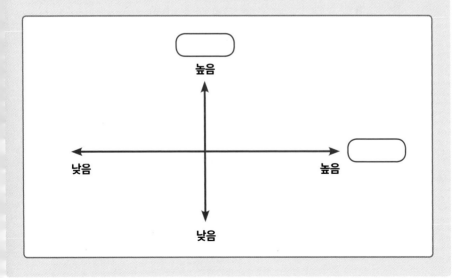

이제 제목과 부제를 정해볼까요?

- 제목 :
- 부제 :

제목과 부제는 후보를 여럿 만들어봐도 좋습니다. 제목과 부제를 정했다면 왜 그렇게 정했는지, 타당한지 검토해보세요. 제목과 부제를 정할 때 가장 중요한 덕목은 '정직'입니다. 너무 지나친 예일 수 있으나, 베트남 여행 도서를 유럽 여행 도서로 오인하도록 제목을 지어 출간하면 안 되겠죠.

❷ 목차 정하기

목차는 책 목적에 맞는 흐름이면 됩니다. 무언가 배우는 책이라면 쉬운 내용부터 깊이 있는 내용 순서로 채우면 되겠죠. 어떤 책이든 큰 줄기를 세우고 세부 목차를 정하면 됩니다. 목차는 부 → 장 → 절 → 중 → 소 → 소소제목으로 위상을 나눌 수 있습니다. 이는 출판사마다 조금 다를 수도 있습니다. 구글 문서는 제목 → 제목 1 → 제목 2 → 제목 3 → 제목 4처럼 나눕니다.

장과 절은 거의 모든 책에서 사용합니다. 그런데 부는 그렇지 않죠. 장 수가 많을 때 부를 사용하면 내용을 더 일목요연하게 독자에게 전달할 수 있습니다. 장 수가 너무 적을 때는 적합하지 않고, 묶음이 불가능할 때도 적합하지 않죠.

목차를 나눈 사례를 살펴보겠습니다.

스티브 레비 저, 박재호&이혜영 역, 『해커, 광기의 랩소디』(한빛미디어, 2019)는 4부 23장으로 구성되어 있습니다. 이 책에서는 부를 시대별 특징으로 구분했습니다.

- 1부. 진정한 해커 〉캠브리지 : 50년대와 60년대
- 2부. 하드웨어 해커 〉북부 캘리포니아 : 70년대
- 3부. 게임 해커 〉시에라 : 80년대
- 4부. 마지막 진짜 해커 〉캠브리지 : 1983년

최규헌 저자의 『구글 애플 그다음 별』(한빛미디어, 2014)은 7장으로 구성되어 있습니다. 부로 나누지 않았죠.

- 1장. 첫 IT 패자의 등장, IBM
- 2장. 흔들리는 IBM과 IT 춘추전국시대
- 3장. 마이크로소프트 제국의 탄생
- 4장. 정보 주도권 전쟁
- 5장. 새로운 시대를 만든 애플
- 6장. 질 수 없는 전쟁의 시작
- 7장. 패자의 별은 어디로 가는가?

좋은 목차 나누기 기준

부로 나눴는지 여부가 '좋냐 아니냐'를 나누는 기준은 아닙니다. 나눴을 때 더 일목요연하게 정보를 제공하느냐가 중요한 기준이 됩니다.

『다이어트 3주 10킬로그램 감량하기』라는 가상의 책이 있다 합시다. 주 → 일 형식이 더 어울릴 것 같습니다.

부를 꼭 부로, 장을 꼭 장으로 부를 필요는 없습니다. 책에 주입한 콘셉트에 맞는 단위로 정하면 됩니다. 어떤 단위로 정하든 독자가 직감적으로 제목 위상을 파악할 수 있어야 합니다. 주 → 달 → 년 → 일처럼 일관성 없게 설정하면 좋은 제목 위상이 아닙니다.

▶ **제목 위상이 적절한 예와 그렇지 않은 예**

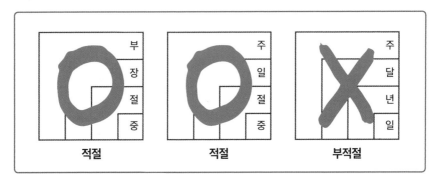

다음과 같은 순서로 목차를 정합시다.

1 큰 위상부터 정합니다. 우선은 부/장 제목까지만 정합니다.
2 작성한 목차를 다시 봅니다. 이때 필요하면 장 제목이 아니라고 판단되는 장 제목을 절 제목이나 부록 제목 등으로 배치할 수 있습니다.
3 기존에 출간된 국내외 서적 및 매뉴얼과 목차를 비교합니다. 비교한 결과를

토대로 목차를 첨삭합니다.

4　절 제목도 마저 채워 넣습니다.

5　대상 독자와 콘셉트에 부합하는 목차인지 최종 확인합니다.

이렇게 정한 목차는 집필 중에 일부 변경될 겁니다. 건축이나 소프트웨어 설계도도 개발하다가 변경되잖아요? 영원불변의 것이 아니니 유연하게 활용하면 됩니다.

끝으로 목차 옆에 작성할 예상 분량을 적어보세요. 절 제목까지 만들었으니까 예상이 상대적으로 수월할 겁니다. 예상 쪽수 역시 반드시 지켜야 하는 사항은 아닙니다. 당연히 집필하면서 고무줄처럼 늘거나 줄겠죠? 하지만 예상 쪽수를 적으면 일정 관리에 도움이 됩니다. 속는 셈 치고 일단 한번 적어보세요!

실습　『**여러분의 책**』**목차 적어보기**

너무 자잘한 수준까지 정하면 어렵습니다. 목차를 정하는 순서에 입각해서 장 이름까지만 적어보세요.

▶ **목차 정하기**

부/장 제목	예상 분량

	총 분량 :

③ 집필 일정 설정하기

집필 일정을 허황되게 잡으면 작심삼일이 되기 쉽습니다. 집필을 완료하려면 몇 가지 원칙을 세워야 합니다. 제가 추천하는 원칙은 다음과 같습니다.

1   언제(일 기준) : 평일에 집필하고 주말과 빨간 날에는 집필하지 않는다.
2   언제(시간 기준) : 고정된 시간대에 고정된 시간을 할애한다.
3   장소 : 집필에 집중할 수 있는 장소를 선택한다.
4   얼마나 : 충분히 달성 가능한 집필 분량을 정한다.
5   보완책 : 평일에 할당량을 완료하지 못했다면 주말과 빨간 날에 완료한다.

책쓰기를 주 단위 쳇바퀴로 보면 딱 맞습니다. 1부터 5번을 주 단위로 반복하는데 성공하면 반드시 원고를 탈고할 수 있습니다. 원고는 시간을 들인 만큼 쌓이기 때문입니다.

이를 실제로 어떻게 적용하는지 예를 들어 보겠습니다.

1 월요일부터 금요일까지

2 매일 퇴근 후 7시부터 10시까지

3 집 근처 별다방에서

4 2쪽을 집필한다.

5 회식과 친구와의 약속으로 이틀 빠졌지만 다른 3일 동안 1쪽씩 더 집필하면 남은 분량은 1쪽이다. 토요일에 같은 시간 같은 장소에서 1쪽만 더 집필한다 (일요일로 미루지 마세요! 토요일에 약속이 있을 때만 일요일에 집필합니다. 가능하다면 토요일에 약속을 잡지 말아야겠죠).

매일 2쪽이면 주에 10쪽을 집필하네요. 책이 보통 300쪽 내외인데 주 10쪽이라니! 어느 세월에 다 쓰나 싶죠? 원고 300쪽이면 총 30주 만에 원고 집필을 완료할 수 있습니다. 30주면 약 7개월이군요.

“주말에 쓰겠습니다.”

“휴가 내서 쓰겠습니다.”

이런 말씀을 하시는 열 분 중 열 분이 책을 끝까지 못 씁니다. 우여곡절 끝에 한번은 책쓰기에 성공할 수 있죠. 그렇지만 두 번은 절대로 못 씁니다. 간신히 썼기 때문입니다.

꾸준히 집필/번역하는 분들은 제가 말씀드린 공식을 스스로 만들어 실천합니다. 제가 만든 방법이 아니라 실제로 그런 저자님과 대화 끝에 알아낸 방법입니다 (저도 위와 같은 원칙을 정하고 이 책을 썼습니다).

목차를 작성하고 임의로 적은 예상 쪽수를 주 단위 집필 분량으로 나누면 집필에 드는 주 수가 나옵니다. 휴가와 국경일을 고려해서 1~2주 정도 버퍼를 두어 관리하면 중도 포기 없이 끝까지 책을 쓸 수 있을 겁니다.

하루 분량을 절대로 많이 잡지 마세요. 글 쓰는 시간이 부담되면 즐길 수 없고, 즐길 수 없으면 피하게 됩니다. 피하면 밀리고, 밀리면 따라갈 수 없습니다. 따라갈 수 없으면 포기하죠.

실습 **『여러분의 책』 집필 계획 적어보기**

- 언제(일 기준) : 월/화/수/목/금/토/일
- 언제(시간 기준) : 오전/오후 ___시 ___분 ~ 오전/오후 ___시 ___분
- 장소 :
- 얼마나 : ___쪽
- 집필에 드는 기간 : ___주 ___달
- 보완책 :

4 마케팅 계획

책쓰기도 힘든데 웬 마케팅 이야기냐고 한숨이 나오시죠? 책은 저자 마케팅이 가장 큰 효과를 봅니다. 그래서 저자가 마케팅을 어떻게 할지가 중요합니다.

유시민 작가를 비롯해 베르나르 베르베르, 무라카미 하루키 같은 유명 작가는 출판사에 투고하지 않아도, 마케팅 계획을 세우지 않아도 출판사가 돈을 싸 들고 원고 나올 때까지 기다립니다. 아무것도 하지 않아도 그 자체로 불티나게 책이 팔리니까요. 영화에서 인기 배우에 붙는 '흥행 보증 수표'라는 수식어가 책에도 그대로 적용되는 겁니다. 불행하게도 저도 여러분도 우주 대스타는 아닙니다. 물론 모두를 대상 독자로 삼는 책을 쓰려는 것이 아니므로, 책에 담은 주제 관련 분야에서만 유명해도 충분합니다.

출판사가 진행하는 마케팅은 광고라는 이미지가 있어서 효과가 반감되지만 저자가 직접 뛰는 마케팅은 열정적인 활동으로 인식됩니다. 그래서 책 쓰느라 힘들었지만 마케팅도 적극적으로 저자가 해야 합니다. 출판사가 손 놓고 구경만 하는 것은 아니죠. 저자 활동을 지원합니다. 예를 들어 출간 기념 강의를 한다면 강의실을 구하고, 필요한 홍보를 하고, 행사를 진행할 스태프 역할도 맡죠.

도서 마케팅 활동은 다음과 같이 다양합니다.

▶ 가능한 책 홍보 방법

분류	예	상세 설명	실효성
온라인 노출 광고	SNS 노출, 온라인 서점 배너 광고, 커뮤니티 노출, 네이버 포스트, 카드 뉴스 등	비교적 저렴하고 가성비가 좋아 기본으로 진행하는 영역	높음
오프라인 노출 광고	서점 매대 구매, 지하철 차량/역사 광고	비용 문제로 어려운 영역	낮음

리뷰/서평 이벤트	자체, 유무료 리뷰 및 서평 작성 이벤트	리뷰 후에 온라인 서점과 개인 블로그에 서평 작성	높음
강의/세미나/ 북콘서트/미팅	단발성 혹은 주기적인 강의/세미나. 저자와의 만남 등	저자의 꾸준한 노력이 필요함. 경우에 따라 출판사와 수익을 나누거나, 무료 강의 진행 등 다양한 형태 가능	최고
매체 노출	신문/잡지 온오프라인 노출	비용 문제로 거의 불가능한 영역	낮음
증정/굿즈	굿즈 제작, 아이템 증정	정가의 10% 이내에서 제공 가능. 10% 할인이나 굿즈 수령 중 하나를 선택해야 함	제한적

아무래도 출판 시장 상황이 여의치 않아 비용이 많이 드는 마케팅은 진행할 수가 없습니다. '온라인 노출 광고'와 '리뷰/서평 이벤트', '강의/세미나/미팅' 등이 가용한 마케팅 방법일 겁니다. 특히 '온라인 노출 광고'와 '강의/세미나/미팅'은 저자의 활동이 큰 영향을 미치게 됩니다. 아직 가입하지 않은 영향력 있는 커뮤니티나 모임이 있다면 미리미리 가입해 활동하시기 바랍니다. 다 도움이 될 겁니다.

굿즈 제작도 좋은 아이디어가 될 수 있습니다. 하지만 굿즈 가격이 도서 정가의 10%를 넘을 수 없고, 할인 10%와 굿즈 중 선택해야 합니다. 파우치나 머그컵 등이 유행이기는 하지만 정가 10% 할인보다 더 강력한 무기인지는 장담할 수 없습니다. 있어도, 없어도 그만인 굿즈는 효과를 보기 어렵습니다. 팬덤이 형성된 분야라면 굿즈 제작을 고려해볼 만합니다.

그런데 마케팅 중의 마케팅, 끝판왕 마케팅은 꾸준한 마케팅입니다. 책 출간 전부터 출간되고 나서도 꾸준히 마케팅을 하는 거죠. 그런 방법이 뭐가 있을까요? 블로거나 유튜버가 되는 겁니다. 제빵 관련 SNS를 3년 동안 매주 한 번 올렸다고 합시다. 처음에는 거의 찾는 사람이 없더라도 시간이 흐를수록 구독자가 늘어날 겁니다. 꾸준함보다 강력한 무기는 없습니다. 아직 블로그도 유튜브도 하지 않는다면 인스타와 유튜브 중 하나를 선택하시기 권합니다.

유튜브를 선택했다면 최고의 선택입니다. Z세대로 불리는 우리 청년들은 네이버나 구글이 아니라 유튜브를 검색 엔진으로 씁니다. 지난 10여 년을 네이버 블로그가 1인 매체 역할을 했다면, 이제 유튜브로 대세가 넘어갔습니다.

다음은 와이즈앱에서 발표한 유튜브, 카카오톡, 네이버, 페이스북 월 사용 시간 변화입니다.

▶ **주요 SNS 월 사용 시간 변화(안드로이드 스마트폰 분석)**　　　단위 : 억 분

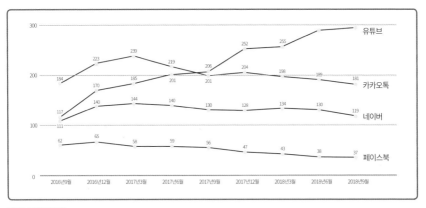

출처 : 와이즈앱

유튜브만 상승세고 나머지는 하락세입니다. 디지털 마케팅 전문회사 메조미디어 발표에 의하면 유튜브와 페북의 동영상 광고 시장 점유율이 69.2%이고 네이버와 카카오는 합쳐서 19.5%에 그쳤습니다. 대표적인 유튜버 대도서관(본명 나동현)은 2017년 유튜브로 17억을 벌었다고 공개하기도 했습니다. 블로그 써서 그런 수익을 번다는 분을 들어본 적이 없습니다. 유튜브에서 활동한다고 누구나 버는 금액은 아니지만 꾸준한 소셜 활동은 책과 소셜 선순환 구조를 만들어 1인 브랜드를 확고히 구축하는 최고의 선택임에는 확실합니다.

5 제작 사양(판형과 도수) 정하기

제작 판형까지 알아야 한다니! 정말 저자는 너무 많은 걸 알아야 하나 봅니다. 다행히도 판형 선택은 출판사에서 결정합니다. 그래서 저자는 몰라도 됩니다. 그런데 가로로 긴 표나 큰 사진을 많이 싣는다면 원고를 쓰는 시점에 판형을 고려하는 것이 좋습니다.

문서 편집기 대부분은 '페이지 설정' 기능을 제공합니다. 다음은 구글 문서에서 제공하는 '페이지 설정' 창입니다. 도구마다 메뉴 이름은 다를 수 있습니다.

▶ **구글 문서에서 제공하는 '페이지 설정' 창**

페이지 설정	✕
방향	**여백** (센티미터)
⦿ 세로 ◯ 가로	상단 `2.54`
용지 크기	하단 `2.54`
B5(17.6cm x 25.0cm) ▾	왼쪽 `2`
페이지 색상	오른쪽 `2`
◯ ▾	
[기본값으로 설정] [취소] [확인]	

원고 특성에 맞게 페이지 설정을 하면 됩니다. 골치가 아프다면 판형 관련 내용은 건너뛰어도 좋습니다.

판형

책은 전지를 잘라 만듭니다. 전지는 A전지와 B전지가 있는데, A전지를 국전지라고 합니다. A전지를 16분할하면 국판이라고 합니다. 소설책보다 큰 판형은 보통 B전지를 사용합니다. B전지를 16분할한 판형을 46배판이라고 합니다. 주요 판형별 크기는 다음과 같습니다.

▶ 주요 판형 크기

형	호 칭	크기(mm)	종이결	전지 1매의 면수	비 고
A4	국배판	297X210	국전지 가로결(횡)	8절 (16페이지)	서울전화번호부
A5	국판	210X148	국전지 세로결(종)	16절 (32페이지)	교과서 및 단행본
A6	국반판	148X105	국전지 가로결(횡)	32절(64페이지)	문고
B4	타블로이드	374X254	46전지 가로결(횡)	8절(16페이지)	일반주간지
B5	46배판	254X188	46전지 세로결(종)	16절(32페이지)	여성지/IT전문서
B6	46판	188X127	46전지 가로결(횡)	32절(64페이지)	일반단행본
규격외	신국판	225X152	국전지 세로결(횡)	16절(16페이지)	학술서, 단행본
	18절판	248X176	46전지 가로결(횡)	18절(36페이지)	사진집
	30절판	205X125	46전지 세로결(종)	30절(60페이지)	일반단행본
	36판	182X103	46전지 가로결(횡)	40절(80페이지)	문고판

단행본에서 자주 쓰는 판형은 세 가지입니다. 학창 시절 접하던 전공 도서는 보통 46배판(변형)을, 소설, 자기계발서 등은 신국판형을, 그림이 크게 들어가는 도서는 크기가 상대적으로 넉넉한 국배판을 주로 씁니다.

도수 선택

도수는 제작비와 관련이 있습니다. 예를 들어 400쪽을 1도[1] 인쇄하는 데 100만 원이 든다고 해봅시다. 흔히 1도에 검은색을 사용하죠? 풀 컬러로 인쇄하려면 4도CMYK, Cyan(청록색) / Magenta(심홍색) / Yellow(노란색) / Key=Black(검은색) 인쇄를 하는데, 그럼 인쇄비가 딱 4배 듭니다. 즉 400만 원 들죠.

---

1 한 가지 색을 명도만 조절해 사용하는 경우. '도' 대신 '색'을 쓰기도 합니다.

색이 꼭 구분되어야 한다면 4도, 예쁘게 보이는 정도로 충분하면 2도, 기본적으로 1도를 사용합니다. 그래서 그림이 많으면 4도, 에세이는 2도, 그 외는 1도를 주로 씁니다. 이 책은 검정과 별색을 썼으니 2도입니다.

제작비는 가격에 영향을 미치고, 가격은 경쟁력에 영향을 미치니까 불필요하게 2도나 4도를 고집할 이유는 없습니다.

RGB와 CMYK라는 단어를 들어는 보았을 겁니다. RGB는 '빛의 3요소'입니다. 빛의 3요소를 모두 100%로 배색하면 흰색이 되죠. 모니터에서는 RGB 기준으로 배색되어야 원하는 색감을 얻을 수 있습니다.

반면 인쇄물에는 '색의 3요소(CMY)'와 검정(K)으로 색감을 표현합니다. 원리대로라면 CMY를 모두 100%로 배색하면 검정이 나와야 하는데, 이 검정이 아주 깔끔하지 못합니다. 검정을 표현하는 데 물감을 3번이나 100%로 칠해야 하는 것도 마음에 안 들죠. 그래서 K(검정)까지 총 4색을 사용해 풀 컬러 인쇄를 합니다.

6 집필 계획서 샘플

지금껏 다룬 내용을 종합해 집필 계획서를 작성해보겠습니다. 표로 만들면 더 깔끔하고 일목요연하게 보입니다. 그래서 저는 표 형태로 만들기를 추천합니다. 집필 계획서를 이 책의 시제품 격인 『주유의 IT 책쓰기 불바다 강론』(http://bit. ly/2tvtNtq)으로 작성해보겠습니다.

실습 『주유의 IT 책쓰기 불바다 강론』 집필 계획서 보기

『주유의 IT책쓰기 불바다 강론』 집필 계획시는 다음과 같습니다.

집필 계획서

제목	주유의 IT 책쓰기 불바다 강론
부제	빠르게 포기하거나, 정말로 원고를 탈고하거나
독자	IT전문서 집필에 관심 있는 개발자
콘셉트	삼국지 인물을 등장시켜 대화 나누듯 집필에 필요한 정보를 핵심만 빠르게 알려준다.
제작 사양	2도 / 신국판(153x224mm)
집필 일정	1일 2쪽 / 주 10쪽 / 5주 작성 / 버퍼 1주
마케팅 계획	• 블로그에 게재 • 커뮤니티 활동 • 출간 후 저자 특강 3회 진행 • 유튜브에 소개 영상 등록

목차 (총 50쪽)	**0장. 프롤로그(2쪽)**
	  • 10 +10 적성 검사하기(1쪽)
	
	1장. 책을 쓰기 전에 알아두기(10쪽)
	  • 1. 책을 쓰면 얼마나 벌까요?(3쪽)
	  • 2. 나를 알고 편집자를 알자(3쪽)
	  • 3. 당부의 말씀(3쪽)

목차 **(총 50쪽)**	**2장. 출판사에 투고하기까지(12쪽)** ● 1. 편집 도구 선택하기(2쪽) ● 2. 집필 계획서 작성하기(5쪽) ● 3. 용어표 만들기(1쪽) ● 4. 샘플 원고 집필하기(1쪽) ● 5. 제안서 작성하기(1쪽) ● 6. 투고 이후 벌어지는 일(1쪽) **3장. 본격적인 진행(12쪽)** ● 계약과 집필(2쪽) ● 출판 프로세스 안내(2쪽) ● 설정과 양도(2쪽) ● 선인세와 인세(2쪽) ● 원고 만들기(2쪽) ● 조판과 교정(2쪽) **4장. 홍보/마케팅(6쪽)** ● 도서정가제(2쪽) ● 강의/세미나(2쪽) ● SNS 활동(2쪽) **5장. 표기 원칙 및 방법(5쪽)** ● 외국어 우리말 표기 원칙(2쪽) ● 흔한 번역투(2쪽) ● 수학 기호 표기(1쪽) **6장. 기타 (3쪽)** ● 저작권(폰트/글/그림)(2쪽) ● 기타 도움이 되는 사이트(1쪽)

간단하게 50쪽만 쓰려 했는데 결과물은 100쪽이 훨씬 넘었습니다. 계획대로 되는 건 아니죠. 하지만 집필 일정은 지켰습니다. 분량보다는 절 제목 단위로 하루 목표를 잡았기 때문입니다. 예상은 예상일 뿐이죠. 예상이 어긋났을 때 대비책은 항상 있어야 하는 거죠.

이번에는 여러분 차례입니다. 쓰려는 책의 집필 계획서를 작성해보시죠. 이미 앞에서 한 번 작성한 내용입니다. 한눈에 보이도록 옮겨 적어보세요. 옮기다가 수정할 게 보일 수도 있습니다.

실습 『나만의 책』 집필 계획서 만들기

제목	
부제	
독자	
콘셉트	
제작 사양	도수 (　) / 판형(　　　)
집필 일정	
마케팅 계획	• • • •
목차	• • • • • •

용어표 만들기

정말 이상합니다. 10분 전 '나'나, 지금의 '나'나 둘 다 똑같은 '나'인데요, 10분 전에는 '책쓰기'라고 쓰고, 조금 전에는 '책 쓰기'라고 썼습니다. 저는 왜 그럴까요?

특별한 이유는 없습니다. 누구나 하는 실수를 한 것뿐입니다. 이럴 때를 대비해 용어표가 필요합니다. 용어표에 대해 알아봅시다. 다루는 내용은 다음과 같습니다.

- 왜 용어표가 필요할까?
- 용어표 만들기
- 용어 선택하기

1 왜 용어표가 필요할까?

원인은 잘 모르겠지만 확실한 건 100쪽을 훌쩍 넘는 책을 쓰면 많은 단어를 사용하게 됩니다. 다음은 이 책 원고의 단어 개수 정보입니다. 총 235쪽에 4만여 단어나 되네요.

단어 개수	×
페이지	235
단어 수	40734
글자 수	166788
글자 수(공백 제외)	130973

닫기

(물론 다수 중복되겠지만) 아무리 기억력이 좋고 논리적인 사람이라도 4만 단어를 사용하면서 매번 같은 용어를 사용하기는 현실적으로 불가능하지 않을까요?

책쓰기를 교향곡 연주에 비유해보겠습니다. 교향곡은 네 악장으로 구성되고 1악장은 소나타 형식입니다. 말러의 교향곡 3번은 연주 시간이 100분을 넘습니다. 지휘자 정명훈은 악보도 안 보고 지휘를 한다고 합니다. 그러나 모든 지휘자가 그런 것은 아니죠. 게다가 무대에 서려면 수백 번을 넘게 같은 곡을 지휘하니까 '외워서 지휘하기'가 불가능하지는 않을 겁니다. 그런데 책쓰기는 그렇지 않죠. 아마 교향곡을 만든 전설 같은 작곡가들도 만들 때는 자신이 만든 음악 코드를 부분부분 참조했을 겁니다.

(조금 어렵겠지만) 요즘에 인공지능이 핫하니 인공지능 분야 용어로 예를 들어보겠습니다.

1 machine learning
2 deep learning
3 reinforcement learning

여러분은 위 단어를 어떻게 부르겠습니까? 저 같으면 다음과 같이 쓸 겁니다.

1 기계학습
2 심층학습
3 강화학습

그런데 말입니다, 한참 글을 쓰다가 퇴고하려고 원고를 읽다 보니 용어를 다음과 같이 혼용했다는 걸 알게 되었습니다.

1 머신러닝, 머신 러닝, 기계학습, 기계 학습

2 심층학습, 심층 학습, 딥러닝, 딥 러닝
3 강화학습, 강화 학습

그런데 본인 글을 읽으면서 용어를 통일시키지 못했다는 사실을 자각하는 일이 쉽지는 않습니다. 어떻게 정했는지 기억하지 못할 수도 있죠. 게다가 공저나 공역이라면 어떨까요?

출판사에서 여러분의 원고로 책을 출간하기로 정했다면, 원고를 모두 살펴볼 겁니다. 용어표가 없다면 끝없이 용어에 대한 문의를 원고에 메모로 달겠죠. 메모를 달고 확인하고 반영하고 지우는 모든 일은 다 비용입니다. 조직에서 커뮤니케이션 비용 무시 못 하는 거 다 아시죠?

그래서 용어표가 필요합니다

2 용어표 만들기

용어표를 만듭시다. 그런데 'A를 B로 쓴다' 같은 간단한 형식도 좋지만 가능하면 좀 더 유연하게 만드는 것이 좋습니다. 제가 추천하는 방법은 다음과 같습니다.

- 스프레드시트를 사용한다.
- 원어 표기, 채택한 우리말, 기타 우리말, 비고(논의 사항 등 적는 곳) 열을 만든다.

이때 절대로 엑셀로 용어표를 만들지 않습니다. 엑셀로 만들면 공저/공역일 때 각자 가지고 있는 버전이 달라 동기화 비용이 듭니다. 혼자 집필하더라도 편집자/교정자와 공유해야 하므로 당연히 동기화 문제가 있습니다. 무조건 구글 스프레드시트처럼 웹에서 동시에 공유할 수 있는 도구를 사용해야 합니다.

그러면 용어를 선정하는 기준은 무엇일까요?

- 국립국어원 표준국어대사전[1]에 등록된 표기&용례
- 전문 용어는 학회가 있으면 학회 용어
- 위키백과에 등록된 표기
- 그래도 없으면 구글링하여 더 많이 검색되는 용어 선택
- 구글링 검색 수가 너무 적으면 뜻을 살릴 수 있는 우리말을 만들고, 적절한 게 없다면 음차 표기(음차 표기는 국립국어원 외래어 표기법 규정[2] 적용)

그런 기준으로 만든 용어표의 예를 일부 보여드릴게요.

▶ 용어표 예

	원어표기	책에서의 표기	기타 한글 표기(비주)	통계 용어	비고
140	spectrogram	스펙트로그램	스펙트로그람 X	#N/A	
141	one-shot learning	원샷러닝	원샷학습 O 원샷 러닝 X	#N/A	최) '원샷학습'은 구글링이 되는데 원샷러닝은 한 건뿐이네요. 원샷학습이 낫다고 보지만 머신러닝과 같은 선에서 원샷러닝으로 사용하고 첫 출연에 원샷학습을 병기하는 것이 좋겠습니다.
142	Zero shot learning	제로샷러닝	제로샷 러닝 X	#N/A	
143				유사성, 상사성, 닮음	최) 유사도, 유사성 중 하나를 골라야겠네요. 유사도가 더 많이 검색되네요.

원어 표기, 책에서 표기, 기타 한글 표기, 통계 용어, 비고 속성이 있네요. 141행만 크게 살펴볼게요.

one-shot learning	원샷러닝	원샷학습 O 원샷 러닝 X 원숏 러닝 X	#N/A	주유) '원샷학습'은 구글링이 되는데 원샷러닝은 한 건뿐이네요. 원샷학습이 낫다고 보지만 머신러닝과 같은 선에서 원샷러닝으로 사용하고 첫 출연에 원샷학습을 병기하는 것이 좋겠습니다. 손권) 동의합니다.

---

1 stdict.korean.go.kr
2 bit.ly/2SYuxiW

1열과 2열은 원문과 최종 선정 용어입니다. 3열을 보면 '원샷 러닝 X'로 되어 있습니다. 띄어쓰기 혼용하지 말라는 의미군요. 4열 '통계 용어'가 좀 특이합니다. 머신러닝 책이라서 통계 용어표와 매칭을 시켜뒀습니다. 통계 용어에 없는 용어라 'N/A해당 사항 없음, Not Available or Not Applicable'라는 에러가 표시되어 있네요. 5열 비고 항을 보면 주유와 손권 둘이서 용어를 선정하면서 나눈 근거가 남아있습니다.

용어표 만들기에서 이것만은 꼭 기억하세요. 버전이 다른 용어표를 각각 관리하지 마세요. 동시 편집 및 공유되는 도구로 용어표를 만드세요!

3 용어 선택하기

책을 쓰다 보면 아직 공인된 우리말 표현이 없는 외국 단어를 사용할 때도 있습니다. 그럴 때는 어떻게 해야 할까요? 일단 다음 글을 읽어보죠.

> "번역자는 사전의 틀을 넘어야 합니다. 사전은 말이라는 거대한 빙산의 극히 일부분만을 담고 있습니다. 거기에 아직 담기지 않은 뜻은 번역자가 스스로 말을 만들어서라도 담아내야 합니다. 외국어와 한국어 사이에는 아직 뚫리지 않은 회로가 무수히 널려 있습니다. 필요하다면 만들어서라도 그 회로를 자꾸만 뚫어야 합니다. 단순히 낱말의 차원이 아니라 문체 차원에서도 그런 회로를 뚫어야 합니다."

번역가 이희재 선생이 『번역의 탄생』(교양인, 2009)에서 한 말씀입니다.

책을 쓰다 보면 외래어 음차를 사용하는 경우가 있죠. 특히 외국에서 들어온 문물을 소재로 해 집필할 때는 우리말에 없는 원어를 담아야 하는 순간이 부지기수입니다. 이때 가장 쉬운 방법은 음차 표기입니다. 음차 표기는 우리말이 아니라서 해당 단어를 모르면 무얼 뜻하는지 전혀 알 수가 없다는 단점이 있습니다. 음차 표현보다 우리말 표현이 더 이해하기 쉽습니다. 세상은 넓고 우리말로 표현되지 않은 단어는 아직 많습니다. 특히 지명, 성명, 음식 명칭, 기술 용어는 무궁무진합니다. 게다가 말은 생물이라서 하루가 멀다고 신조어가 탄생하지 않습니까?

예를 들어 기술 용어는 우리나라에 딱 맞는 개념이 늘 있다는 보장이 없고, 있더라도 개발 현장에서 영어 음차가 널리 통용되는 경우가 허다합니다. computer와 Concurrency라는 단어를 쓸 일이 생겼다고 합시다. 다음 셋 중 여러분이 선호하는 용어 표기 원칙을 선택해보시겠어요?

1 용어는 영어 그 자체로 써야 한다. 예) computer, Concurrency
2 용어는 영어 음차로 써야 한다. 예) 컴퓨터, 컨커런시
3 용어는 가능하면 이해할 수 있는 우리말로 바꾼다. 예) 셈틀, 동시성

1번을 선택한다면 너무 무성의한 겁니다. 원문이 영어가 아닌 히브리어나 사우디어라고 해보죠. 독자가 무슨 단어인지 어떻게 알까요? 좋은 방법이 아닙니다.

2번을 선택했다면 나쁘지 않습니다. 컴퓨터는 삼척동자도 아는 단어라 훌륭한 선택으로 보입니다. 반면 컨커런시는 무얼 뜻하는지 개념이 확 와닿지 않는 분도 많을 겁니다.

3번에서 셈틀은 너무 나간 것 같습니다. 이미 보편적으로 정착한 음차 표현 용어는 우리말로 봐야 하므로 셈틀보다는 컴퓨터가 나은 것 같습니다. 동시성은 아주 훌륭하군요. 무언가 동시에 실행되는 특성 같은 느낌이 팍 드네요.

다행히 Concurrency는 '동시성'이라는 단어로 제대로 대응이 되는군요. 하지만 항상 적당한 우리말이 있는 것은 아니니까 어쩌면 위 예가 부적절했을 수도 있습니다. 이희재 번역가의 말씀을 다시 한번 읽어볼까요?
　　"번역자는 사전의 틀을 넘어야 합니다."

그런 상황에서 용어를 선택하는 기준을 다음과 같이 잡아보면 어떨까요?

1 기존에 번역해 사용하는 단어가 있는지 확인해 부적절하지 않다면 사용한다.
2 없다면 개념의 핵심을 찌르는 신조어를 만든다.
3 그나마 마땅하지 않다면 음차 표기하고 한영 병기한다.
4 필요하다면 용어 선택 이유를 밝힌다.

용어 선택은 정말 중요합니다. '고유 명사이므로 영단어 그대로 표기해야 한다'는 생각이 조금이라도 드는지요? 그런 논리라면 아인슈타인을 Albert Einstein으로 표기해야 합니다. 이 경우 아인슈타인의 영문 알파벳을 모르면 글로 쓸 수 없는 웃을 수 없는 상황이 생기게 되는 거죠. 뭐든 적을 수 있는 훌륭한 한글이 있는데 왜 영어 스펠링을 모두 알아야 할까요? 전혀 그럴 필요가 없는 거죠.

저는 용어 선택이 외줄타기라고 생각합니다. 살하면 구성꾼들에게 기쁨을 주시만, 자칫 발을 헛딛으면 땅바닥으로 떨어져 그간 멋진 공연을 엉망으로 만들죠. 힘들게 책을 썼는데 용어 때문에 좋지 못한 평가를 받는다면 얼마나 허망하겠습니까?

최고의 선정은 아니더라도 적절한 선정은 이뤄져야 합니다. '적절히'가 제일 어려운 법인데요, 그냥 기계처럼 사용하지 말고 회로를 뚫는 번역자의 마음으로 제대로 된 용어를 선택하면 좋겠습니다(여러분은 혼자가 아닙니다. 편집자가 있으니 너무 걱정하지 마세요).

끝으로 용어는 대상 독자를 고려해야 합니다. 어린이 동화에 낯선 외국어 음차를 사용한다고 상상해보세요. 끔찍하지 않습니까?

당부 말씀 하나 드릴게요. 책을 읽을 때, 본인이 아는 용어가 정답이 아닐 수 있다는 포용성을 잊지 말아야 합니다. 300쪽이 넘는 원고를 쓰다 보면 (어떤 이유에서든) 용어 몇 개는 외래어 표기법을 벗어나거나 현장 용어를 벗어날 수도 있습니다. 그런 경우를 발견하면 출판사에 수정 제보를 해주세요. 그래야 다음 쇄에 더 좋은 책이 되어 세상의 빛을 보게 되고 더 많은 사람을 돕게 될 거니까요.

참고로 학회에서 복수 용어를 채택하는 경우도 있고, 학회 용어와 표준어가 다른 경우도 있습니다. 포용성, 다시 한번 강조해봅니다!

4.4
샘플 원고 집필하기

샘플 원고도 없이 원고 제안서만 출판사에 투고하면 유명인이 아닌 이상 본문을 작성해 달라는 메일을 받게 됩니다. 긴 글을 쓸 인내력이 있는지, 글쓰기 솜씨는 어떤지 알 도리가 없으니까요. 그래서 샘플 원고를 만들어 원고 제안서와 같이 투고해야 합니다.

본격적으로 원고를 쓰기 앞서 한 가지를 (이제서야) 밝혀둡니다. 제가 안내해드릴 '글쓰기 영역'을 한정하겠습니다.

세상에는 참으로 많은 글쓰기가 있습니다. 특히 문단에 등단한 작가의 글쓰기라면 그 기준이 엄청나게 높습니다. 아쉽게도 저는 그런 책을 쓰는 방법을 알려드릴 수 없어요. 능력이 안 됩니다. 실용서를 쓰는 방법을 알려드릴 겁니다. 제 방법이 완벽하게 맞는다고 할 수는 없지만, 적어도 업계에서 통하는 방법이라고 알아두시면 됩니다.

참고로 유시민 작가도 『유시민의 글쓰기 특강』(생각의길, 2015)에서 저와 비슷한 말씀을 하셨습니다.

"『유시민의 글쓰기 특강』은 시나 소설이 아니라 논리적 글쓰기를 잘하고자 하는 사람들을 위한 책이다. 에세이, 자기소개서, 기업 입사 시험의 인문학 논술, 대학생 리포트, 신문 기사, 평론, 사회 비평과 학술 논문, 제품 사용설명서, 보도자료, 문화재 안내문, 성명서, 선언문, 보고서, 논술 시험, 운동경기 관전평, 신제품 사용 후기, 맛집 순례기 같은 것을 잘 쓰고 싶은 독자라면 이 책이 유용할 것이다."

제 주장과 유사합니다. 그러므로 제 책도 가치가 있을 거라는 위안이 드는군요!

실용서를 쓰려면 이 책을 계속 보세요. 유시민 작가가 말하는 글쓰기 부류는 『유시민의 글쓰기 특강』을 읽으면 됩니다. 각 분야마다 어울리는 글쓰기가 따로 있습니다. 논문을 쓰려면 논문 쓰기를 다룬 책을 보세요.

이 책에서 별도로 영역을 밝히지 않는 이상 글쓰기는 모두 실용서 글쓰기를 말합니다.

1 좋은 글은 무엇인가?

거창하게 생각하지 않았으면 좋겠습니다.

그저 ① 독자에게 도움이 되는 내용이면 됩니다. ② 거기에 술술 잘 읽히는 글이라면 더 좋을 겁니다. 이 두 가지를 만족하면 좋은 글이라고 말해도 토를 달기 어렵습니다. 물론 예술적이냐는 문제는 다른 관점입니다. 우리는 문학이나 예술서를 쓰려는 게 아니니까요.

따라서 위 두 가지만 만족하면 아주 훌륭한 실용서가 됩니다. 확실합니다!

그래서 좋은 글을 쓰는 방법도 엄청 쉽습니다. 딱 두 가지입니다.

1 정보를 효과적으로 전달하도록 구성하라.
2 읽기 쉬운 말로 문장을 작성하라.

1 정보를 효과적으로 전달하도록 구성하는 방법은 6.1절 '본문을 쓰는 나만의 4가지 원칙'에서 확인할 수 있습니다. 2 읽기 쉬운 말로 문장을 작성하는 방법은 7장 '미운 글 피하기'에서 알아보겠습니다.

참고로 유시민 작가는 세 가지 원칙[1]을 제안합니다.

1   주제를 뚜렷하게 하라.
2   중요한 정보를 중심으로 써라.
3   단문으로 써라.

좋은 글이 무엇인지 알아봤으니 이제부터 목차에 맞춰 1장부터 작성하면 되겠군요.

  "그런데 말입니다."

1장부터 진행한다면 제가 이 글을 쓸 이유가 없습니다. 악마 편집자는 다릅니다. 항상 계획부터 명확히 세우고 구현하는 습관을 들여야 합니다. 그래서 앞부속부터 쓸 겁니다.

에세이와 실용서를 예로 들어 설명하겠습니다.

2 앞부속 쓰기

앞부속은 본문 이전에 나오는 모든 글을 말합니다. 저자의 말, 저자 소개, 책 구성 소개, 목차 등이 모두 앞부속에 속합니다. 우스운 이름일 수도 있으나 '0장', 혹은 '앞부속'이라는 파일에 작성합니다. 출판사마다 명칭은 다를 수도 있습니다.

---

1 '유시민 작가의 글쓰기 세 가지 방법' www.youtube.com/watch?v=aQLAu5saIkk

제목과 표지가 1차 유인 요소라면 앞부속은 두 번째 유인 요소입니다. 독자는 책을 구매하기에 앞서 원하는 내용을 제대로 담고 있는지 앞부속을 살펴봅니다. 그렇다면 앞부속에 무엇을 담아야 할까요? 독자 입장에서 끌리는 무언가를 집약해서 제공해야 합니다.

기본적인 앞부속 구성은 다음과 같습니다.

- 판권
- 저자의 말(저자 소개)
- 목차

판권과 저자의 말은 맨 뒷장으로 빼기도 하죠. 저자 소개는 표지 날개에 넣기도 합니다. 그러고 보면 필수 항목은 목차뿐이군요. 목차만으로는 장점을 부각하기 어려울 것 같습니다. 그렇다면 장점을 부각하려면 무엇을 어떻게 해야 할까요?

앞부속을 구성하는 다섯 가지 원칙

저만의 앞부속 구성 다섯 가지 원칙은 다음과 같습니다.

1. 전체를 한눈에 파악하게 제시하라.
2. 장점을 부각하라.
3. 지속적인 관계 유지 의지를 보여라.
4. 구매를 유도하는 요소를 넣어라.
5. 책임 한도를 명시하라(대상 독자와 제한 요소 제시).

딱히 정해진 규정이 있는 것은 아니니 실제로 출간된 도서를 예로 살펴보면서 앞부속 구성 원칙을 어떻게 적용했나 알아보겠습니다.

여행서 앞부속을 살펴보자

추위를 잘 타는 저는 사계절 따뜻한 나라가 좋습니다. 그런 의미에서 따뜻한 남쪽 나라 괌을 안내하는 도서를 한 권 살펴보겠습니다. 『리얼 괌』(한빛미디어, 2019) 앞부속 구성은 다음과 같습니다.

▶ 『리얼 괌』(한빛미디어, 2019) 앞부속

구분	내용
작가의 말	-
〈리얼 괌〉 사용법	- BOOK 01 <리얼 괌>으로 알차게! 여행 준비 - BOOK 02 스마트 MApp으로 디테일하게! 실전 여행 - 아이콘 설명 - 일러두기

'〈리얼 괌〉 사용법'에서는 『리얼 괌』을 효과적으로 읽는 방법을 1쪽 분량으로 요약해 설명합니다. 앞부속 구성 원칙을 상기해볼까요? '일러두기'는 '책임 한도를 명시하라'에 해당합니다. 앞부속이 길면 (친절하고 자세한 설명이 가능하겠지만) 일분일초라도 빨리 본문을 읽고 싶은 독자 입장에서 답답할 수도 있습니다. 그래서인지 더 자세한 정보를 생략하고 곧바로 본문인 PART 01로 진입하도록 구성했군요. 그럼 살짝 PART 01 '한눈에 보는 괌' 구성을 살펴볼까요?

본문	특별 코너
- 괌 개념도 - 구역별로 만나는 괌 - 키워드로 보는 괌 - 괌 여행 매력 - 이곳만은 반드시! 괌 필수 여행지 - 괌에서 꼭 해야 할 것 - 여행이 맛있다! 괌 음식 베스트 - 여행의 즐거움! 괌 쇼핑 스폿 베스트 - 괌에 왔으면 이건 사야지! 추천 쇼핑 아이템 - 핵심만 쏙쏙! 역사 키워드 - 최적의 여행 시기는? 괌 여행 캘린더 - 여행 기본 정보 - 가장 궁금해아는 실문 TOP 5	추천 여행 코스 - 괌 여행 핵심만 쏙쏙! 베이직 3박 4일 코스 - 괌 여행의 정석! 클래식 4박 5일 코스 - 아이와 함께하는 가족여행 4박 5일 코스 - 비행깃값 버는 쇼퍼홀릭 3박 4일 코스 - 에너제틱 오감만족 액티비티 4박 5일 코스 - 렌터카가 없어도 좋다! 뚜벅이 4박 5일 코스 - 휴가 없이 주말에 떠나는 직장인 3박 4일 코스

괌 여행을 준비하는 독자에게 빠르게 괌이 어떤 곳인지 알려주고, 볼거리, 먹거리, 살거리, 추천 여행 코스를 제공해 흥미를 끌어내고 있네요.

서점에 가서 괌을 소개하는 여행서 앞부속 구성을 비교해보세요. 그중에 구매하고 싶은 책 한 권을 추려보세요. 왜 최종 선택했나 구체적으로 정리해보세요. 그러면 좋은 앞부속에 대한 나름의 원칙을 세울 수 있을 겁니다.

분석 에세이 앞부속을 살펴보자

에세이에는 앞부속보다는 프롤로그가 더 중요할 수도 있습니다. 프롤로그(머리말, 서문)에서는 무엇이 왜 필요한지, 어떻게 설명하는지, 왜 이렇게 설명하는지 등 집필 동기와 그 동기가 독자에게 전달될 필요성 등을 적어줍니다. 본문 전체를 관통하는 기본 정보를 알려주어도 좋습니다.

에세이는 글이 재미없으면 읽기 힘듭니다. 따라서 프롤로그에서 독자의 흥미를 이끌어내는 것이 좋습니다. 분량에 제한은 없으나 너무 분량이 많으면 '사설이 길다'는 느낌을 줄 수도 있습니다. 물론 글을 아주 잘 쓰면 그렇지 않을 수 있지만요. 그러니 늘어지지 않게 조심하시기 바랍니다.

『IT 트렌드 스페셜 리포트 2019』(한빛미디어, 2018) 앞부속에는 11쪽에 달하는 사전 설명이 있습니다.

▶ 『 **IT 트렌드 스페셜 리포트 2019** 』 앞부속

구분	분량	내용
이 책의 특징	5	- 특별한 구성 소개 - 대상 독자 소개 - 비즈니스 관점에서 시점 제시
비즈니스 리포트 소개	3	리포트별 예약 소개
테크 리포트 소개	3	리포트별 예약 소개

이 책은 기존 트렌드 서적과 달리 굉장히 현실적인 트렌드를 제시합니다. 그래서 그러한 특징을 강조해 독자에게 제시합니다. 특징을 부각하면서 전체를 한눈에 파악하도록 도와주는 요소로 트렌드 전문가가 직접 쓴 본문(비즈니스 리포트)과 실제 자사의 트렌드 전략을 소개하는 '테크 리포트'를 설명합니다. 대상 독자도 명시하고 있어 책임 한도가 명확하군요. 이렇게 특별한 구성을 부각하다 보니 앞부속 분량이 적지 않습니다.

장점을 충분히 소개하고 구매를 유도하려면 그만큼 지문이 필요한 법입니다. 짧게 쓰는 것만이 능사가 아닙니다. 하지만 지문을 많이 할당하려면 그만한 이유가 있어야 합니다.

IT 개발서 앞부속을 살펴보자

IT 개발서 앞부속 구성 요소는 거의 정해져 있습니다. 개발 환경, 소스 관리 계획 등을 적으면 됩니다. 앞부속에 넣을 항목은 다음과 같습니다. 용어가 어려울 수 있으니 비 개발자는 여기만큼은 건너뛰어도 좋습니다(그래도 참고 읽으면 피가 되고 살이 됩니다).

▶ **IT 개발서의 일반적인 앞부속 구성**

구분	내용
특징 및 구성 요소	무엇에 중점을 두어 설명할지 특징을 적는다. 특별한 구성 요소가 있다면 해당 구성 요소를 설명하는 것이 좋다.
개발 환경	개발 환경 선택은 중요하다. 특히 버전이 빠르게 변하는 프로젝트나 차기 버전 출시가 예고된 경우에는 더 그렇다. 그밖에 윈도우, 리눅스, macOS 중 어디서 개발하고 타깃 OS는 무엇인지도 정해야 한다. 기타 사용할 라이브러리나 개발 도구의 버전도 미리 정해두자.
소스 관리 방법	소스 관리를 깃허브에서 할지, 아이파이썬 노트북에서 할지 등을 정한다. 아직 계정이 없다면 계정을 만들자.
프로젝트 정의	간단히 함수 사용법만 알려주는 매뉴얼이 아니라면 무언가 프로젝트를 진행할 거다. 그 대상이 게임, 앱, 웹페이지일 수 있다. 각 프로젝트를 어떻게 만들어 무엇을 배울지 정의한다. 아마 이미 목차에 무엇을 만들지 적어뒀을 것이다.

『소문난 명강의 오준석의 안드로이드 생존 코딩』(한빛미디어, 2018)의 앞부속 구성을 살펴보죠.

▶ 『**소문난 명강의 오준석의 안드로이드 생존 코딩**』 **앞부속**

구분	내용
베타 리더의 말	출간 전 베타 리뷰를 시행해 품질을 높이고 홍보 기회로 삼음
지은이의 말	출간 동기와 감사의 말 수록

이 책의 특징	이 책만의 장점을 소개함
이 책이 다루는 범위	다루는 바를 명확하게 제시해 구매 전에 독자가 간편히 확인할 수 있게 함
참고 사항과 예제 파일	독자 실습 편의를 제공
이 책의 구성	프로젝트를 어떤 순서로 해결하는지 제시함
이 책의 모태 소개	이 책이 모태된 강의의 성과를 제시해 신뢰감 상승시킴
목차	

이 시리즈는 이미 온오프라인에서 좋은 평가를 받은 강의를 책으로 옮긴 겁니다. 그래서 책의 모태가 된 강의를 앞부속에서 소개해서 신뢰도를 높였습니다. 이 구성에서는 보이지 않지만 시리즈 소개에서도 재차 강조를 했습니다. 앞부속 구성 원칙을 충실히 따른 사례군요.

3 1장 쓰기

드디어 1장을 쓸 차례입니다! 책 종류마다 장 구성이 천차만별이라 완벽한 템플릿을 제공하는 일은 불가능합니다. 에세이와 IT전문서 사례만 살짝 살펴보겠습니다(6.1절 '본문을 쓰는 나만의 네 가지 원칙'에서 본문을 구성하는 원칙을 확인하세요).

1 분석 : 에세이 1장 구성을 살펴보자.
2 분석 : IT 개발서 1장을 살펴보자.

분석   에세이 1장 구성을 살펴보자

책 전체에서 다루는 내용을 빠르게 설명해주는 것이 좋습니다. 프롤로그와 겹칠 수도 있지만 다루는 깊이와 방향이 조금 다릅니다. 프롤로그는 글쓰는 동기가 주인 반면, 1장은 핵심 주제 소개가 주입니다.

다음은 제가 진행한 도서의 1장 목차입니다.

> **1장. 서비스 디자인씽킹 : 한눈에 살펴보기**
>
> **1.1 왜, 서비스 디자인씽킹인가?**
>
> **1.2 서비스 디자인씽킹, 무엇인가?**
>
> **1.3 서비스 디자인씽킹, 어떻게 실행할 것인가?**
>
> **1.4 마치며**
>
> 출처 : 『처음부터 다시 배우는 서비스 디자인씽킹』(한빛미디어, 2017, 배성환 저)

왜, 무엇을, 어떻게가 한눈에 보입니다. 서비스 디자인씽킹에 대한 "나 이미 해봤는데 별로야"라는 일부 부정적인 시각이나 "지금도 잘하고 있어서 서비스 디자인씽킹을 도입할 필요가 없어요"라는 입장을 가진 분을 설득하려고 '왜'를 제시했습니다.

그다음은 '서비스 디자인씽킹'이 무엇인지 제대로 알려주고, 마지막으로 어떻게 실행할 것인지 알려줍니다.

이 정도면 독자가 흥미를 가지고 이 책을 읽을 수 있겠군요.

IT 개발서 1장을 살펴보자

1장은 앞으로 다룰 내용을 익히는 데 필요한 기본 정보를 제공합니다. 다루는 주제를 소개하고, 개발 환경을 설정합니다.

- 주제 소개 : 너무 길면 지루하다는 생각이 듭니다. 핵심 위주로 소개하는 것이 좋습니다.
- 개발 환경 설정 : 독자가 누구냐에 따라서 상세 정도가 다릅니다. 프로그래밍을 처음 접하는 독자에게는 설치 과정을 하나하나 스크린샷을 떠서 설명해주는 것이 좋습니다. 그렇지 않으면 엄청난 독자 문의에 시달리게 됩니다(혹은 독자의 외면을 받게 됩니다). 또한 중고급 개발자를 대상으로 하더라도 개발 환경 설정이 쉽지 않다면 상세히 설명을 해주는 것이 좋습니다. 짧게 설명한다면 주의사항을 남겨주세요.

다음은 『PHP&MySQL 닌자 비법서』 31쪽 내용입니다. 대상 독자가 간단한 설명만으로도 개발 환경을 구성할 수 있다고 판단해 자세한 절차가 생략되어 있습니다. 그런데 1.2.1 '윈도우 환경' 마지막 문장을 보면 배경이 음영 처리되어 있습니다.

▶ 설치 설명 예시

1.2.1 윈도우 환경

먼저 다음 소프트웨어들의 최신 버전을 내려받아 설치한다.

1 깃(https://git-scm.com/downloads)
2 버추얼박스(https://www.virtualbox.org/wiki/Downloads)
3 베이그런트(https://www.vagrantup.com/downloads.html)

설치가 끝나면 ① 재부팅을 한다. 재부팅하고 나서 ② 시작 메뉴에서 깃 배시^{Git Bash} 프로그램을 실행한 다음 1.3절 베이그런트 실행으로 넘어가자. 앞으로 나올 명령어는 윈도우 명령 프롬프트^{Windows Command Prompt}가 아니라 깃 배시 프로그램에서 실행한다.

출처 : issue.com에 한빛미디어 계정에서 올린 전자책

"앞으로 나올 명령어는 윈도우 명령 프롬프트가 아니라 깃 배시 프로그램에서 실행한다."

이 말인즉슨 지금까지는 윈도우 명령 프롬프트에서 실행했다는 이야깁니다. 현업 개발자라면 저런 실수를 저지를 리가 없지만 이 책의 대상 독자는 초보자를 포괄합니다. 초보라면 충분히 할 수 있는 실수라, 제가 원서에 없는 문구를 직접 넣었습니다(그렇습니다. 제가 그런 실수를 저질렀습니다).

번역서를 예로 들기는 했지만, 2차 독자까지도 고려해 원고를 작성해주는 것이 좋습니다.

❹ 샘플 원고는 충분한 워밍업까지만

전체 원고는 샘플 원고로 적합하지 않습니다. 왜냐하면 여러분이 출판사에 투고하면 출판사는 이래저래 고민을 하게 됩니다. 더 좋은 성과를 내도록 대상 독자, 콘셉트, 설명 방법, 목차를 수정할 방안을 찾는 고민을 하는 거죠. 물론 열에 한 건 정도는 그렇지 않은 경우도 있지만 거의 필수 코스라고 보시면 됩니다.

군대를 한 번은 가도, 두 번은 못 간다고 하지 않습니까? 예선전인 샘플 원고 집필에 100% 열정을 쏟아부어 탈진하면 본선에서 제대로 뛸 수가 없습니다.

그렇다고 샘플 원고를 제공하지 않으면 곤란합니다. 출판사는 저자가 제시한 영역을 잘 모릅니다. 저자가 보내준 샘플 원고로 해당 분야를 파악하고(물론 해당 주제에 대한 다양한 검색도 진행합니다), 저자의 글쓰기 능력을 확인합니다. 따라서 내가 이 주제를 쓸 만한 충분한 능력이 된다는 것을 보여줄 정도인 20~30%

에 달하는 원고를 작성해 투고하는 것이 좋습니다.

참고로 10%는 너무 적죠. 충분한 워밍업이 안 되면 경기에서 제 기량을 발휘하기 어려운 거 아시죠? 그 정도로는 설득에 필요한 기량을 충분히 보여주지 못합니다.

4.5
원고 제안서 쓰기

드디어 원고 제안서를 쓰게 되었네요. 제안서는 출판사마다 그 형식이 다릅니다. 4.2절에서 만든 〈집필 계획서〉가 무용지물이 될까 걱정되나요? 걱정 마세요! 출판사를 막론하고 공통적으로 제공하는 내용이라 재활용할 수 있습니다. 심지어 출판사가 제공하는 제안서로 작성하지 않고 나만의 형식으로 제안해도 됩니다. 출판사 안에서도 편집자마다 제안서 형식이 다를 수도 있습니다.

제안서는 "제 책을 당신이 출판해주세요"라고 제안하는 문서죠. 그러므로 당연히 출판사의 흥미를 유발하도록 작성하는 것이 좋습니다. 출판사 편집자가 세상의 모든 걸 아는 만능 전문가는 아닙니다. 그건 저자도 마찬가지니까요, 제안서를 읽는 사람이 제안을 받아들일 만한 충분한 정보를 제공해야 됩니다.

제가 사용하는 제안서 구성은 다음과 같습니다.

- 제목
- 부제
- 대상 독자
- 콘셉트
- 제작 사양
- 집필 일정(현재 완성도)
- 저자 소개
- 기술 소개
- 특이점
- 경쟁서 분석
- 시장 상황
- 마케팅 계획
- 목차

별색으로 처리된 항목은 이미 〈집필 계획서〉에서 작성했습니다. 작성한 내용을 재활용하면 되겠네요.

아직 작성하지 않은 항목만 살펴보겠습니다.

구분	내용
저자 소개	성함, 이메일, 전화번호, SNS/블로그 주소, 저서/역서, 기술 중심의 이력, 강연 등 기타 도움이 되는 정보
주제(소재) 소개	다루는 주제가 무엇인지 5줄 이내로 간단히 설명
특이점/특징	실전 예제 5개를 구현한다든가 하는 강점/특이점 소개
경쟁서 분석	이미 국내외에 관련 주제 도서가 있다면 비교 분석
시장 상황	핫한지, 이미 널리 알려졌는지 등을 솔직하게 쓰기

1 저자 소개

자기소개 대신 이력서를 제출하는 경우가 있습니다. 이력서는 필요 없습니다. 물론 사진을 붙이거나 성별을 언급할 필요도 없고요. 내가 이 책을 쓰는 데 적임자라는 정보만 제시하시면 됩니다. 블로그/유튜브 주소, 저서 역서, 기술 중심

이력, 강연 경험 정도면 됩니다. 너무 길지 않게 적으세요.

2 주제 소개

다루려는 주제가 무엇인지 간략하게 소개해야 출판사에서 무엇인지 알고 추가 대응할 수 있습니다. 전혀 무엇인지 모르면 구미가 당기지 않는 법입니다. 가장 쉬운 언어로 주제를 설명하세요.

예를 들어 양자 컴퓨터에 대한 설명으로 다음 중 무엇이 더 쉬운가요?

1 양자 컴퓨터는 얽힘이나 중첩 같은 양자역학적인 현상을 활용하여 자료를 처리하는 계산 기계이다. '양자 컴퓨팅'이라고도 한다. '꿈의 컴퓨터'라는 별칭이 있다. 고전적인(전통적인) 컴퓨터에서 자료의 양은 비트로 측정된다. 양자 컴퓨터에서 자료의 양은 큐비트로 측정된다. 양자 계산의 기본적인 원칙은 입자의 양자적 특성이 자료를 나타내고 구조화할 수 있다는 것과 양자적 메커니즘이 고안되어 이러한 자료들에 대한 연산을 수행할 수 있도록 만들어질 수 있다는 것에 기한다. 양자 컴퓨팅이 여전히 유아기에 있지만, 매우 작은 수의 큐비트를 가지고 양자 수치 계산이 수행되는지에 관한 실험들이 행해져 왔다.

2 양자 정보 통신은 정보 사회의 패러다임을 바꿀 신기술로 여겨졌다. 양자 정보 통신을 활용한 양자 컴퓨터는 한 개의 처리 장치에서 여러 계산을 동시에 처리할 수 있어 정보 처리량과 속도가 지금까지의 컴퓨터에 비해 뛰어나다.

이 두 글은 위키백과에서 '양자 컴퓨터' 소개를 발췌한 겁니다. 양자 컴퓨터 전문가에게는 첫 번째 문장이 더 적절한 설명일 수도 있겠으나, 출판사 편집자에게는 도통 알아들을 수 없는 말로 가득 찼습니다. 두 번째 문장의 정보는 상대적으로 덜 상세하지만 더 쉽게 이해되죠. 주제 소개가 길 필요도 없습니다. 길면 편집자가 확인하는 데 더 시간이 들 뿐입니다. 5줄 이내로 핵심을 쉽게 소개하면 됩니다.

③ 특이점 / 특징

곰 가이드 책을 투고한다고 합시다. 온라인 서점에서 '곰 여행'으로 검색하면 적어도 5종이 넘는 곰 여행 안내 서적이 검색됩니다. 다른 책과 무엇이 다르길래, 독자의 선택을 받을 수 있는지 경쟁력 위주로 써주어야 합니다. 그러려면 경쟁서를 완벽하게 알고 있어야겠죠?

이 책만의 특징을 제시했는데 이미 출간된 도서만도 못하다면 그런 원고 제안을 받아들일 출판사는 없을 겁니다. 다른 책에는 없는 흥미로운 정보든, 아니면 재미난 구성 요소든 뭔가 더 경쟁력을 보태보세요.

④ 경쟁서 분석

나를 알고 적을 알아야 하므로 주요 경쟁서는 가능하면 읽어보는 것이 좋습니다. 그게 아니라면 온라인 미리 보기, 서지 정보, 독자평이라도 활용해야 합니다. 최소한 주제 관련 대표 도서 한두 권은 무조건 읽어야 합니다. 대표 서적 한두 권은 당연히 현업에서 공부 차원에서 읽었을 겁니다. 경쟁서 분석이 중요하다는 이야기는 앞에서 드렸습니다. 경쟁서보다 잘 팔아야 하니까 분석이 당연히 중요하기도 하지만, 저자가 얼마나 성실하게 책을 준비했는지도 엿볼 수 있어 중요합니다.

대표 도서 달랑 한 권만 한두 줄로 분석해 제시하거나, 혹은 '경쟁서 없음'이라고 적어두는 경우가 생각보다 많습니다. 브라우저를 띄워 온라인 서점에서 주제 관련 키워드로 검색하면 수십 권이 주르륵 검색되는데 말이죠. 편집자는 원고 소개서에 있는 말을 곧이곧대로 믿지 않습니다. 진짜인지, 저자가 놓친 바는 없는지 살피죠. 경쟁서 분석도 제대로 안 하는 저자를 믿고 몇백 쪽 분량의 책을 출간할 용기를 지닌 편집자는 없습니다.

5 시장 상황

시장 상황은 출판사도 조사하여 나름의 판단을 합니다. 출판은 문화사업이지만, 출판사는 이익을 추구하는 기업입니다. 책 한 권 출판하는 데 적으면 1,500만 원, 많으면 5,000만 원을 사용합니다. 물론 시장성만으로 판단하는 것은 아니지만 시장성이 중요한 지표임을 부인할 수 없습니다.

출판 시장은 잘나가는 책, 제 밥값만 하는 책, 제 밥값도 못하는 책 간 비율 싸움입니다. 제 밥값도 못하는 책을 일부러 출판하는 게 아닙니다. 그래도 최소한 제 밥값은 한다고 생각해 출간했는데 폭망하는 책이 나옵니다. '이건 대박이야'라며 출간해도 간신히 제 밥값만 합니다.

반면 의도치 않게 터지는 책이 있죠. 예기치 않는 대박은 출판사 힘으로 되는 게 아닙니다. tvN 〈숲속의 작은 집〉에 출연한 박신혜가 『파리의 아파트』(밝은세상, 2017)를 읽어 화제가 되었죠. 일부러 돈 주고 PPL을 하더라도 뜨지 않는 책이 있는 반면, 이처럼 출판사에서 광고하지도 않았는데 화제가 되는 책도 있는 거죠.

출간은 저자, 독자, 출판사 모두에게 이익을 제공해야 하므로 시장 상황을 솔직하게 적어야 합니다.

원고 제안서 투고하기

투고는 제안서와 샘플 원고를 첨부해 메일로 보내면 됩니다. 규모가 큰 출판사는 홈페이지에서 설문 형태로 접수받기도 합니다.

출판사 입장에서 '결론적으로 좋은 원고'라면 도서 출간 제안을 받아들일 겁니다. 그 반대면 거절하겠죠.

출판사 입장에서 좋은 원고의 조건은 다음과 같습니다.

1   손이 별로 안 가도 되는 좋은 글인가?
2   시장성이 있는가?

이 둘이면 충분합니다.

그런데 원고가 안 좋아도 시장성이 있다고 판단되면 제안을 받아들일 수 있습니다. 반대로 시장성이 극악이더라도 정말 의미와 가치가 있는 내용이라면 제안을 받아들일 수 있습니다.

이 기준은 출판사마다, 팀마다 다를 수 있습니다. 같은 출판사라도 A팀은 연 1만 권 팔리는 책을 시장성 있다고 판단하지만, B팀은 연 2,000권을 그 기준으로 삼을 수도 있습니다.

이런 판단은 여러분이 투고한 제안서와 샘플 원고를 기초로 해서 추가 조사를 진행해 이뤄집니다. 그리고 사람마다 판단이 다를 수 있어 팀 논의로 결정하기도 합니다. 팀 논의는 권 단위로 즉시 이뤄지는 경우도 있고, 주 단위로 기획 회의에서 이뤄질 수도 있습니다. 한 번 회의로 결론이 안 나 논의 기간이 길어지기도 합니다.

제대로 투고에 대응하는 회사라면 투고하자마자 잘 받았다는 메일을 보내줄 겁니다. 언제까지 결정해 알려주겠다는 내용도 있을 겁니다. 혹은 그런 메일 없이 일주일이나 한 달 후에 연락이 오거나 끝내 아무 연락도 없을 수 있습니다. 출판사 규모와 시스템은 천차만별입니다. 그래서 대응 방법도 천차만별이죠.

투고 후 1주일이 지나도 아무 연락을 받지 못했다면 다시 한번 투고하거나 전화로 진행 상황을 확인하셔도 좋습니다. 마냥 기다릴 수는 없으니까요.

심심치 않게 'OOO 책쓰기 연구소 OO기 수강생'이라며 투고가 들어옵니다. 이제서야 책쓰기를 배운 초보자가 연구소에서 말한 대로 집필 제안서를 써서 보냈겠지 싶은 선입견이 강하게 듭니다. 거의 스팸급입니다. 연구소에서 글쓰기를 배운 것은 참으로 잘한 겁니다. 그렇지만 그런 이력이 출판사 입장에서 장점으로 보이지 않습니다. 쓰려는 핵심에 집중해서 원고 제안서를 투고하시면 충분합니다.

간혹 투고하면서 보안을 지켜달라든가, 외부 유출을 금한다든가 하는 문구를 보태는 경우가 있습니다. 출판사 편집자에게 투고 글 읽기는 업무입니다. 진행하지 않을 글을 끝까지 읽고 활용할 시간은 없습니다. 원고를 종일 보느라 눈알이 아릴 정도니까요. 그러니 투고한 원고가 악용될까 걱정할 필요는 없습니다. 출간하든가, 처다보지도 않든가 둘 중 하나입니다.

투고하고 진행이 확정되면 첫 번째 관문을 넘은 겁니다! 부디 좋은 출판사에서 훌륭한 편집자를 만나 멋진 책을 출간하시길 빕니다.

4.7

마치며

최대한 재미난 실전 예제를 넣고 워크북 형태로 꾸며 봤습니다. 이번 장은 빠르게 읽기보다는 가상으로 책 한 권을 머리에 염두에 두고 하나하나 써 내려가며 천천히 읽는 것이 더 유익할 겁니다.

집필 계획서는 집필뿐 아니라 출판사에 원고를 투고할 때도 활용하니까 공을 들여 만들어두기 바랍니다. 오해하지 말 것은, 집필 계획서는 변경 불변의 것이 아닙니다. 집필하다 보면 상황이 변하거나 더 나은 계획이 떠오를 수도 있거든요. 유연하게 관리하면 됩니다.

끝으로 협업과 안정성 끝판왕 구글 문서를 다시 한번 강추해봅니다!

5장

투고 후 출판 프로세스

투고 후 출판 프로세스에 접어들다니! 정말 축하드려요. 지금부터는 편집자가 여러분과 함께 할 겁니다. 원활히 협업하면 반드시 좋은 책을 쓸 수 있습니다.

투고하고 나서 어떤 절차로 진행되는지 알아봅시다. 출판 프로세스 역시 회사마다 다르고, 한 회사에서도 저서냐 역서냐, 기획 도서냐 투고된 도서냐에 따라 다릅니다. 그 외에도 변수는 많습니다. 예를 들어 기업 대 기업 간 협의로 진행하는 경우도 있습니다.

여기서는 여러분이 투고하는 경우를 기준으로 설명합니다.

알아볼 사항은 다음과 같습니다.

1   출판을 가내수공업이라 부르는 이유

2   출판 프로세스 훑어보기

출판을 가내수공업이라 부르는 이유

출판은 모든 게 인력으로 이뤄지기 때문에 엄청 느립니다. 흔히들 원고를 다 쓰고 출판사에 전달하면, 출판사는 놀고 있는 인쇄기를 돌려 책을 찍어내고 전국에 배포한다 생각합니다. '열흘이면 책 나오는 거 아닌가?'라는 생각을 하죠. 저도 출판사에 입사하기 전에는 그런 줄 알았습니다. 입사해보니 '정말 출판을 너무 몰랐구나'라는 깨달음을 얻게 되었습니다.

저자가 제공한 원고를 흔히 초고(초벌 원고)라고 부릅니다. 이 초고는 마침표 하나까지 모두 검증 대상입니다. 게다가 열에 아홉은 기존 문장을 이해하고 더 잘 이해되도록 전체 내용을 새롭게 쓰는 과정을 거치게 되는데 머리에서 쥐가 납니다. 이를 '윤문'한다고 합니다. 편집자는 1년에 6권 내외 책을 동시 진행하며 출간하기 때문에 일정에도 쪼이는 형국이라 두통은 배가 됩니다. 저자는 본인 책을 먼저 작업해주길 원하지만 어떤 이유에서든 우선순위가 있고 시간을 분할해 동시 진행하다 보니, '쭉 원고 보는 기간'과 '진득하게 보는 기간'이 막 섞이게 됩니다. 이 책 저 책 읽다 보면 이 책이 그 책인지, 그 책이 이 책인지 정신이 없습니다.

초고가 입고된 날로부터 인쇄에 들어가기까지 기간은 원고 분량과 품질에 전적으로 달렸습니다. 분량이 적고 품질이 완벽하면 그야말로 일사천리도 가능합니다. 하지만 10년간 100권 넘게 출간하면서 다섯 번 정도만 그러했습니다. 쑥쑥 읽히고 너무나 재미나서 일하면서도 신났죠. 감명도 받았습니다(물론 제가 아무것도 안 하고 인쇄를 하지는 않았죠).

2018년 국제통역번역협회IITA와 세종대학교·세종사이버대학교가 공동 주최해 구글 번역기, 네이버 번역기, 인간이 번역 대결을 펼쳤습니다. 결과는 뻔했죠. 당연히 속도는 번역기가, 품질은 인간이 더 우수했습니다. 사람한테 시간을 더 주면 품질은 더 나아질 겁니다. 그럼 번역기에 시간을 더 주면 품질이 나아질까요? 그렇지 않습니다.

한편 마이크로소프트가 개발한 AI 기반 챗봇 '샤오이스'는 2017년 시집『Sunshine Misses Windows 햇살은 유리창을 잃고』를 출간했고[1], 로스 굿윈Ross Goodwin이 만든 인공지능 '벤자민'은 단편 영화 시나리오[2] 를 썼지만 여전히 완성도를 높이는 작업에 사람이 개입합니다. 이런 일련의 사건은 아직도 출판이 인력에 의존할 수밖에 없다는 사실을 여실히 보여줍니다.

　'출판은 가내수공업이다.'

이 말은 '출판은 엄청 느리다'와 같습니다. 이점을 감안해 협업하면 오해나 특별한 다툼 없이 무사히 책을 출간할 수 있습니다.

5.2

출판 프로세스 훑어보기

힘겹게 샘플 원고까지 작성했다면 출판사에 원고 제안서를 투고할 차례입니다. 투고한 원고 제안서를 받은 출판사는 다음 순서로 업무를 진행합니다(출판 프로세스는 회사마다 다를 수 있습니다).

1　en.wikipedia.org/wiki/Xiaoice
2　en.wikipedia.org/wiki/Sunspring

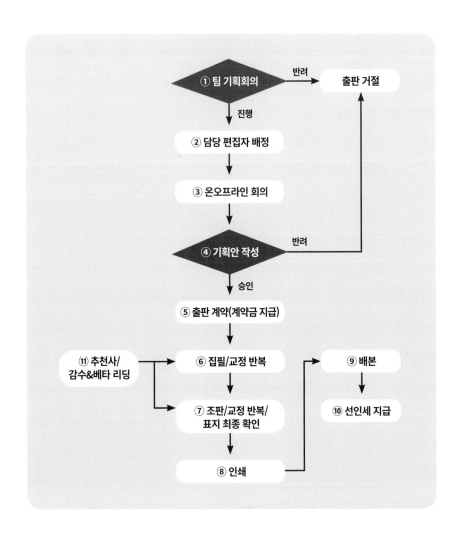

❶ 팀 기획회의

팀 단위로 움직이는 조직이라면, 담당 팀으로 원고가 전달됩니다. 담당 팀에서는 팀이 담당하는 분야에 적합한지, 출간 목록에 추가할 필요가 있는지 기존 책과 겹치는지, 시장성은 충분한지 등을 파악합니다. 원고 제안서에 있는 내용이 사실인지도 파악하고, 샘플 원고도 읽어 저자가 글을 잘 쓰는지 확인합니다. 강점과 보완할 점을 토론하고 담당 편집자를 배정하고 저자와 오프라인 회의를 진행합니다.

출판사마다 살펴보는 항목도, 주안점을 두는 바도 다릅니다. 다음 표와 같은 항목을 살펴본다 생각하면 됩니다. '체크' 항목에 질문에 대한 답을 달아보시겠습니까? 여러분이 출판사는 아니라서 100% 들어맞지는 않겠지만, 본인 책을 들여다볼 거울 역할을 해줄 겁니다.

▶ 진행 여부를 결정하는 출판사의 판단 목록

분류	체크	항목
저자		유명 저자인가?
		저자가 글을 잘 쓰는가?
		홍보/마케팅 수단이 있는가?
		무리한 요구(인세, 출간 일정 등)를 하나?
팀		팀 담당 분야에 적합한가?
		팀 내 추가 진행 여력은 충분한가?
		출간 목록 추가나 강화에 도움이 되는가?
		기존 책과 겹치는 주제인가?
		다른 제안보다 우선순위가 높은가?
시장성		시장성은 충분한가?
		포지션은 잘 잡혔나?
		개정 주기는 얼마나 되나?
콘텐츠		원고 제안서에 있는 내용이 사실인가?
		저작권 도용 흔적이 있나?
		도서 콘셉트가 잘 잡혔나?
		독자에게 도움이 되는 내용인가?
		돈 주고 살 가치가 있는 내용인가?

② 담당 편집자 배정

투고로 들어온 원고를 누가 진행할 것인가는 순전히 해당 팀과 팀원 사정에 달렸습니다. 기존에 비슷한 책을 진행한 경험이 있는 편집자에 배정하거나, 추가 진행 여력이 있는 편집자에 배정할 수도 있습니다.

팀 기획회의에서 많은 도서 중 진행할 만한 도서를 빠르게 추립니다. 아직 투고 원고를 완벽하게 파악하지 못한 상황이므로 편집자를 배정해 다시 한번 집필 제안서와 원고를 살펴보고 최종 입장을 정리합니다. 진행 의견이라면 저자에게 연락합니다.

첫 답메일에 너무 세세하고 복잡한 내용을 담으면 저자가 지레 겁먹을 수 있어서 일반적으로 주요 요점을 간략히 전달하고 오프라인 회의를 요청합니다.

③ 온오프라인 회의

편집자는 저자, 출판사, 편집자가 노력해 가능한 한 더 나은 성과를 거둘 방안을 제시합니다. 대상 독자를 바꾸거나, 콘셉트를 바꾸자고 제안할 수도 있습니다. 목차 수정 제안은 예삿일입니다.

저자와 출판사는 공동 목표를 가진 파트너 관계입니다. 따라서 원활하게 협의하는 자세가 중요합니다.

가능하면 서로 얼굴을 한 번 보는 게 (친근감을 생성하는 측면 등에서) 좋긴 하지만, 그렇지 못한 경우도 있습니다. 출판사는 보통 서울 지하철 2호선 합정역 부근과 파주 출판단지에 몰려 있습니다. 서로 너무 멀리 있으면 책이 출간되고도 만나지 못하는 경우도 있습니다. 저자가 해외에 사는 경우가 대표적이죠.

④ 정식 기획안 작성

저자가 미팅에서 논의된 바대로 집필 제안서를 수정해 편집자에 전달하면, 편집자는 정식 기획안을 작성합니다. 이 과정은 출판사 과정에 따라 생략되기도 하지만 규모가 있는 곳이라면 거의 진행합니다.

기획회의가 팀장 승인이었다면, 정식 기획안을 작성해 승인을 받아내야 하는 대상은 편집부장이나 대표이사입니다(회사마다 달라서 팀장에 전권을 일임할 수도 그렇지 않을 수도 있습니다). 1인 출판사라면 이런 번거로운 과정이 없겠죠?

설령 이 과정에서 반려되어 계약에 이르지 못하더라도 너무 낙심하지 마십시오. 여러분에게 전문 편집자 의견이 담긴 집필 계획서와 샘플 원고가 남았습니다. 더 개선할 점이 있는지 확인하여, 있다면 수정 후 다른 출판사에 투고하면 됩니다(즉, 손해 볼 게 없으니 믿고 진행하세요).

⑤ 출판 계약

드디어 출판 계약을 맺을 차례입니다. 전문적으로 '출판권을 설정한다'고 합니다. 출판권은 저작권자(저자)가 출판사에게 주는 권한입니다. 그래서 갑이 저자이고, 을이 출판사입니다. 출판권 설정은 인세 계약과 매절 계약이 가능합니다. 인세 계약은 단행본에, 매절 계약은 잡지, 신문, 온라인 게시물에 적합합니다. 인세 계약은 팔린 수량만큼 수익을 분배하는 방법인데, 잡지는 그런 계산이 어려워 출판사가 원고료를 주고 원고를 사는 매절 계약을 하는 거죠.

출판 계약에 꼭 도장을 사용할 필요는 없습니다. 최근에는 전자 계약도 많이 합니다. 다만 출판권 설정 등록을 하려면 인감도장을 꼭 사용해야 합니다. 계약을 마치면 계약금을 받는데, 이 금액은 인세의 일부입니다(별도 금액이 아닙니다).

9장 '저작권, 법대로 알기'에서는 출판권과 저작권을 자세히 다룹니다. 10장 '출판 계약서 살펴보기'에서는 한국출판인회 표준 계약서를 더 자세히 살펴보겠습니다.

6 집필 / 교열 반복

계약이라는 산을 넘었으니 열심히 원고를 작성하면 됩니다. 저자가 초고를 쓰면 편집자가 교정을 봅니다. 교정은 글을 바르게 고치는 행위를 말합니다. 출판사에 따라 교열 혹은 교정교열이라고 부르기도 합니다.『표준국어대사전』정의를 봐도 둘을 구분할 재간이 없습니다.

- 교정(校訂) : 남의 문장 또는 출판물의 잘못된 글자나 글귀 따위를 바르게 고침
- 교열(校閱) : 문서나 원고의 내용 가운데 잘못된 것을 바로잡아 고치며 검열함

출판사나 편집자마다 선호하는 단어가 달라, 의미나 절차상에서 나눠 쓰기도 합니다. 원고 단계에서는 교열, 조판 이후에는 교정으로 부르는 곳도 있습니다. 편의상의 분류이므로 애써 구분하려 하지 마세요. 다만 담당 편집자가 구분하여 사용한다면, 그 구분을 따르면 됩니다.

용어가 어찌 되었든 이제부터는 편집자와 함께 집필하게 됩니다. 편집자는 마침표 하나까지도 제대로 쓰였는지 확인합니다. 사실인지, 주제를 적절한 순서로 설명하는지, 사용한 예가 적절한지, 맞춤법에 맞는지, 글이 예쁜지, 특정 종교나 단체를 비하하는지 등 정말 많은 걸 확인합니다. 원고 쓰고 교열 보고, 또 원고 쓰고 또 교열 봅니다. 반복 횟수에 제한은 없습니다. 출판사(편집자) 기준에 맞는 원고 품질이 될 때까지 반복합니다. 저자 기준이 아니고 출판사 기준인 점이 중요합니다. 출판사가 저자보다 독자 눈높이를 더 잘 알기에 출판사 기준입니다. 물론 눈높이는 집필 과정에서 서로 협의해 맞추게 됩니다. 필요하면 베타 리

딩을 진행합니다. 감수를 진행하기도 하죠.

7 조판 / 교정 반복

조판은 출판 편집 프로그램을 사용해 원고를 디자인하는 과정입니다. MS 워드나 한컴오피스 한글은 출판용 출력을 지원하므로 조판 도구로 사용되기도 합니다. 조판에 MS 워드나 한컴오피스 한글을 사용하는 출판사라면 편집용 프로그램으로 원고를 옮기는 과정을 생략할 수도 있습니다.

그런데 이 두 프로그램은 아무래도 대세 편집 프로그램인 인디자인에 비해 다소기능이 떨어집니다. 인디자인은 복잡한 구성도 잘 지원합니다. 규모가 있는 출판사라면 대부분은 인디자인을 사용한다고 생각하면 됩니다. 과거에는 쿼익스프레스[1]라는 맥에서 돌아가는 편집 프로그램을 주로 사용했는데 지금은 거의 사용하지 않습니다.

이름	설명
MS 워드/ 한컴오피스 한글	원고에서 워드프로세서 특징을 고스란히 활용할 수 있지만 복잡도가 높은 디자인을 구현하기에는 무리가 있습니다.
인디자인	어도비에서 만든 출판 편집 프로그램입니다. 1990년에 첫 출시되어 지금은 클라우드 버전으로 배포합니다. 윈도우에서도 동작합니다. 출판 프로그램 시장을 장악했다고 보면 됩니다.
쿼 익스프레스 (QuarkXPress)	1987년 매킨토시용으로 출시된 출판 프로그램입니다. 전통적인 출판 환경을 전자 출판으로 이동시킨 레전드입니다. 과거에 쿼으로 조판한 데이터와의 호환성 문제로 여전히 사용되지만, 사용자 요구를 충분히 반영할 정도로 업그레이드되지 못해 인디자인에 밀렸습니다.

1 　외래어 표기법을 적용하면 '쿼크'가 맞지만, 제조사에서 '쿼'으로 표현하므로 이를 따릅니다.
　quarkxpress.co.kr

원고가 완성되면 원고를 책 모양으로 만드는데, 이를 '조판'한다고 합니다. 조판하고 나서 PDF 파일로 출력합니다. PDF를 프린터로 출력한 종이를 교정지라고 합니다. 교정지를 열심히 살펴봅니다. 누가요? 편집자와 저자가 살펴보죠. 살펴본(교정본) 내용을 다시 조판하고 다시 PDF로 만들어 종이로 출력해 다시 교정을 보죠.

이 과정을 반복하는 횟수는 출판사마다 원고 품질에 따라 다르기는 하지만 적게는 한두 번 많게는 10번을 반복합니다. 초중고등학교 교과서는 10교는 본다고 하는데, 단행본은 보통 3회 내외 교정을 봅니다. 중요한 것은 횟수가 아닙니다. 출판사 품질 기준에 부합할 때까지 무한 반복한다는 게 중요하죠.

▶ **품질이 만족될 때까지 조판/교정 무한 반복**

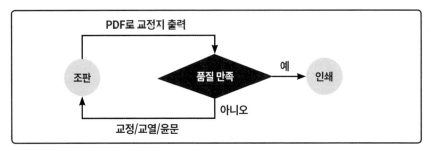

저자 교정

물론 저자가 편집자와 똑같이 3교, 5교를 보는 건 아닙니다. 책 모양으로 원고를 조판하면 안 보이던 오류나 수정 사항이 보입니다. 그래서 저자도 최소 1회는 조판 후 교정을 꼭 보죠. 책에 따라 마지막 교정지에 '찾아보기'용 단어를 저자가 표시하기도 합니다. 표시된 단어를 찾아보기(인덱스)로 만들어 제일 뒤쪽에 페이지를 추가해 넣습니다.

종이 교정지 없는 교정

최근에는 모니터가 대형화되고 해상도가 높아져서 PDF 파일 채로 모니터에서 교정을 보기도 합니다. 종이로 출력하지 않으면 장소에 구애받지 않을 수 있어 더 안전하고 빠르죠. 저는 PDF 파일로만 작업합니다. 종이도 아끼고 회사에서 사준 멋진 모니터도 애용할 수 있어 일석이조입니다. 조판자가 교정지에 있는 글자를 타이핑할 일도 없어 조판하다가 오탈자가 날 일도 없습니다. 특히 교정지를 우편(퀵)으로 보내는 과정이 없어 우편비와 시간을 아낄 수 있고 편리하며 안전합니다. 출판계에 내려오는 전설적 일화가 있습니다.

"교정지 들고 우체국 가는 길에 교통 사고가 나서 교정지가 사방에 흩어졌다…"

물론 어떠한 경우에도 사람이 먼저죠. 그나저나 교정지는 어쩌지요…

표지 편집과 교차 확인

편집자는 본문 교정을 보면서 표지도 최종 마무리를 합니다. 표지는 출판사에서 디자인하고 필요한 문구도 만듭니다. 제목, 부제, 표지 디자인 모두 저자와 협의합니다. 아무래도 출판사가 이런 부분에 더 전문입니다. 출판사 의견을 존중해 주시면 원활히 진행될 겁니다. 참고로 표지 편집권은 출판사에 있으므로, 저자 의도와 선택이 반영되지 않을 수도 있습니다.

특히 저자, 감수자, 추천인 성명과 소속이 틀리면 성명표시권에 위배되고, 무엇보다 기분이 상합니다. 표지에 있는 이름에 오타가 있는지는 반드시 서로 확인해야 합니다.

8 인쇄

인쇄용 PDF로 인쇄하고 배본하는 과정은 다음 그림에서 확인할 수 있습니다.

▶ **인쇄에서 배본까지 절차**

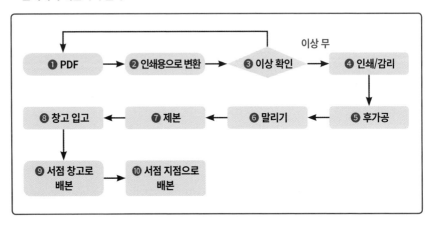

품질을 만족하는 교정지를 얻게 되면 절지선 등이 포함된 ❶ 인쇄용 PDF를 인쇄소로 보냅니다. ❷ 인쇄소에서는 인쇄에 적합하게 PDF를 변환해 ❸ 변환하는 과정에서 이상이 발생했는지 편집자에게 확인 요청을 합니다. 이상이 없다면 인쇄소에 인쇄 요청을 합니다. ❹ 인쇄 시 필요하면 인쇄 색감이 제대로 나오는지 확인하는 감리를 진행합니다. ❺ 후가공이 있다면 이를 진행한 후 ❻ 말리고 ❼ 제본을 합니다. 제본하면 비로소 책이 된 겁니다. ❽ 책은 출판사 창고로 입고되었다가 ❾~❿ 전국 서점에 배본됩니다. 이 과정은 10일 내외가 걸립니다. 모두 출판사에서 진행하므로 저자가 할 일은 없습니다.

흔치는 않지만 인쇄용으로 변환한 데이터에 이상이 있어 지체될 수도 있습니다. 여유롭게 이 시간을 즐기시면 됩니다. 온라인 서점에 등록된 책 정보를 활용해 출간 소식을 SNS에 알리면 좋은 성과를 내는 데 도움이 됩니다.

9 배본

인쇄소에서 인쇄한 책을 출판사 물류 창고로 보냅니다. 출판사는 온오프라인 서점에 책을 배본합니다. 초기 배본 부수는 출판사마다, 책마다 다릅니다. 보통은 200부에서 500부 사이입니다. 『스티브 잡스』(민음사, 2015)처럼 예약 판매(보통 '예판'이라고 합니다) 이미 종합 베스트셀러 순위에 진입한 책이라면 훨씬 많이 배본됩니다. 울트라 초대박 베스트셀러는 한 인쇄소로 감당이 안 되어 여러 인쇄소에서 책을 찍기도 합니다.

10 선인세 지급

선인세는 책이 판매되지 않았는데 지급하는 인세입니다. 반면 인세는 판매된 수량만큼 제공하는 성과금입니다. 예를 들어 계약하고 나면 계약금을 받죠? 이 계약금은 선인세로 볼 수 있습니다. 계약 시점에 만들지도 않은 책이 팔렸을 리 만무하니까요.

▶ 선인세와 인세

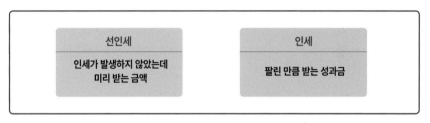

초판 인쇄 수량만큼 선인세를 주는 출판사와 계약을 했다고 합시다. 계약금을 선인세로 받고 열심히 책을 집필하겠죠. 약속한 원고 집필이 끝나고 초기 배본도 끝났다면 선인세 잔금을 받을 차례입니다. 선인세 지급 유무와 지급 방법은 출판사마다 다르니 출판 계약서에서 확인하시고, 원하는 지급 조건이 있다면 미리 조율하시기 바랍니다.

1쇄 기준으로 다음과 같은 방식이 있습니다.

▶ **1쇄 인세 지급 방식**

	선인세를 지급하는 방식	인세만 지급하는 방식
계약금	계약하고 곧바로 계약금 지급	계약금 없음
집필 잔금	인쇄한 책이 판매되지 않았지만 인세 지급	판매된 만큼만 지급

저자 입장에서는 계약금과 집필 잔금을 선인세로 받을 때가 가장 유리합니다. 반대로 출판사는 무조건 판매된 만큼 지급하는 방식이 가장 유리합니다.

2쇄 이후로는 딱 두 가지 방식만 있습니다.

1   인쇄한 수량만큼 곧바로 선인세 지급
2   팔린 수량만큼 인세 지급

첫 번째 방식이 아주 마음에 들 겁니다. 하지만 그런 출판사는 거의 없습니다. 두 번째 방식으로 지급된다고 보면 됩니다.

11 추천사(감수&베타 리딩)

추천사는 다분히 홍보 목적입니다. 대상 독자에게 어필할 수 있는 기업에서 일하거나 (일했거나) 이력을 갖춘 분을 섭외하면 됩니다. 이미 출판 경험이 있는 저자와 유명인도 좋죠. 혹은 감수나 베타 리딩을 해주신 분도 가능합니다.

다음과 같이 두 가지 사항에 유의해 추천사를 받으시면 됩니다.

• 반드시 책을 읽고 쓴 추천사만 싣습니다. 출판 윤리 문제이므로 읽지 않고 쓴 추천사는 싣지 않습니다.

- 추천사도 교정 대상입니다. 교정된 문장을 추천자께 확인받습니다. 추천사를 받으실 때 이를 꼭 인지시켜주서서 오해가 없게 진행해주세요.

감수와 베타 리딩은 품질을 높이는 방법입니다. 학술적인 내용이라면 베타 리딩 보다는 감수가 더 효과가 좋습니다. 이론보다는 취향이 중요하다면 베타 리딩이 더 적합할 겁니다. 베타 리딩은 다양한 목소리를 듣는 데 유용합니다. 원고 작성 단계에서 투입하면 운신의 폭이 큽니다. 조판된 교정지 단계에서는 오탈자와 오류 찾기 정도밖에 할 수 없죠. 감수와 베타 리딩 시기는 이를수록 좋지만, 원고 작성에 긴 시간이 들면 기다리다 지칩니다.

원고 품질을 고려해 투입 여부와 시기를 결정합니다. 공개 혹은 비공개로 가능합니다. 지인 검토를 마치고 나서 공개 모집해 한차례 더 진행하는 걸 추천합니다. 아무래도 지인은 좋은 말만 해줄 가능성이 높습니다. 그렇지만 일면식 없는 타인은 그렇지 않습니다.

5.3
마치며

복잡한 출판 프로세스에 머리가 지끈지끈 아프죠?

저는 저자와의 첫 미팅 때 간단히 출판 절차를 설명하고 정리한 흐름도를 문서로 전달합니다. "외우시지 마시고 한 번 보세요. 단계마다 무엇을 하셔야 하는지는 제가 때마다 알려드리겠습니다"라는 말을 꼭 보태서 말이죠. 이 말은 이 책은 독자께도 여전히 유효한 것 같습니다. 담당 편집자가 챙길 테니 너무 골치 아파하지 마세요!

6장

반복을 줄이는 본문 글쓰기

책마다 꼴이 다릅니다. 사람마다 얼굴이 다르듯, 책도 그런 거죠. 쌍둥이가 있지 않냐고 물으신다면 책도 시리즈가 있다고 받아치지요.

책이 갖는 꼴을 구성이라고 부를게요. 내용을 독자에게 효과적으로 전달해야 좋은 구성입니다. '효과적으로'를 수치화하기는 어렵죠. 그래서 정답은 없습니다. 더 나은 구성을 찾으면 됩니다. 그렇다고 마구잡이로 구성해서는 안 되겠죠. 오히려 아무것도 안 하느니만 못할 수도 있으니까요.

정보를 효과적으로 전달하는 저만의 본문 구성 4원칙을 알려드리겠습니다. 그러고 나서 원고 구성 틀을 만들어보죠. 구성 틀을 템플릿이라고 부를게요.

다루는 내용은 다음과 같습니다.

1   본문을 쓰는 나만의 4원칙

2   경어체 vs. 평어체 선택

3   원고 템플릿 만들기

4   책쓰기 명심보감

5   책쓰기 Q&A

본문을 쓰는 나만의 4원칙

본문을 쓰는 저만의 4원칙은 다음과 같습니다.

1 두괄식으로 설명하라.
2 숲을 보고 나무를 볼 수 있게 구성하라.
3 깊이 있는 내용도 쉽게 설명하라.
4 이해를 돕는 다이어그램(그림)을 최대한 많이 넣어라.

'이게 무슨 원칙이야'라는 의문이 들 수도 있습니다. 가장 어려운 것은 기본을 지키는 겁니다.

무언가 어그러졌을 때는 화려한 기교가 잘못되었기 때문이 아닙니다. 기본이 어긋나서 그런 거예요. 이제부터 조목조목 살펴보시죠.

1 두괄식으로 설명하라

왜 두괄식을 사용해야 할까요? 연역식은 독자의 호흡을 길게 만드는 방식입니다. 따라서 독자가 흥미를 잃지 않게 흥미진진하게 이야기를 이끌어 갈 실력자에게 적합한 방식입니다. 문학에서는 다르겠지만 정보를 전달하는 실용서에서 연역식으로 글을 쓰면 독자가 한참을 글을 읽다가 '왜 읽는지' 길을 잃을 수 있습니다. 심지어 글쓴이가 핵심을 빠뜨리고 설명을 마무리 짓기도 합니다. 따라서 핵심 설명, 핵심 목적을 항상 시작 시점에 제시하는 것이 좋습니다.

초보 편집자 시절에 한 도서를 개정하려고 강사님들을 찾아뵙고 의견을 들은 적이 있습니다. 많은 의견을 주셨는데 한 마디로 축약하자면 "책이 좋기는 하지만 강의하는 데 나쁘다"였습니다. 왜 강의하기 나쁘다 했을까요? 강의를 하려면 정의를 제시하고 나서 설명을 해야 하는데, 그 책은 한 문단 두 문단을 읽어도 정의를 찾을 수가 없었기 때문입니다. 그런데 강의하기 나쁜 책이 좋은 책이 될 수가 있을까요? 다루려는 바가 무엇인지 정의한 문장을 한두 문단 내에서 찾지 못하고, 아예 책 자체에 정의가 없는데 정말 좋은 책일까요? 100줄로 개념을 장황하게 설명하기보다, 할 수 있다면 한 줄로 명확히 전달하는 게 낫지 않을까요?

저는 이렇게 생각합니다.

"설명만 주저리주저리 많고 정의를 제시하지 않는 이유는 본인도 모르기 때문이다."

물론 전문 지식을 제시하는 책에 한정해서 그렇다는 겁니다.

일례로 위키백과에서 이순신 장군 소개 페이지를 살펴보겠습니다.

이순신(李舜臣, 1545년 4월 28일 ~ 1598년 12월 16일 (음력 11월 19일))은 조선 중기의 무신이다. 본관은 덕수(德水), 자는 여해(汝諧), 시호는 충무(忠武)이며, 한성 출신이다. 문반 가문 출신으로 1576년(선조 9년) 무과에 급제하여 그 관직이 동구비보 권관, 훈련원 봉사, 발포진 수군만호, 조산보 만호, 전라좌도 수군절도사를 거쳐 정헌대부 삼도수군통제사에 이르렀다.

함경도 동구비보권관, 1581년 발포 수군만호가 되었다가 전라좌수영의 오동나무를 베기를 거절한 일로 좌수사 성박의 미움을 받기도 했다. 이후 1583년 남병사의 군관과 건원보권관, 훈련원참군, 1586년 사복시주부를 거쳐 조산보만호 겸 녹도둔전사의로 부임했다. 조산만호 겸 녹둔도사의 재직 중 1587년(선조 20년) 9월의 여진족의 사전 기습공격으로 벌어진 녹둔도전투에서 패하여, 북병사 이일의 탄핵을 받고 백의종군하는 위치에 서기도 했다. 그 뒤 두번째 여진족과의 교전에서 승전, 복직하였다. 그 뒤 전라관찰사 이광에게 발탁되어 전라도 조방장, 선전관 등을 역임했다. 1589년 정읍현감 재직 중 유성룡의 추천으로 고사리첨사가 되고, 절충장군, 만포진첨사, 진도군수 등을 거쳐 전라좌도수사가 되어 임진왜란을 만나게 되었다.

첫 줄만 읽으면 이순신이라는 사람이 조선 중기 무신이라는 사실을 누구나 압니다. 그런데 처음 두 문장을 제일 아래로 옮기거나 생략해보세요. 여진족과의 전쟁은 잘 알려진 바가 아니므로 두 번째 문단 끝에서 이순신 장군인 걸 알아채는 분이 적지 않을 겁니다. 짧은 사람 소개가 이 정도인데, 더 긴 글로 정보를 전달하는 책에서 두괄식의 중요성은 더 강조할 필요가 없겠죠?

② 숲을 보고 나무를 볼 수 있게 구성하라

'장님 코끼리 만지기' 이야기 아시죠? 그런 경우가 발생하지 않으려면 항상 숲을 먼저 제시하고 나무를 제시해야 합니다. 독자 입장에서 생각해보면 좋겠습니다. 오죽 답답했으면 책을 사서 공부하겠습니까? 지금 얼마나 왔는지도 모르고 안개가 낀 숲을 걷는 느낌을 떠올려보세요. 답답하겠죠?

전체를 보고 나무를 보는 구성 방식은 책 전체와 각 장에 똑같이 적용되어야 합니다. 일부가 전체와 비슷한 형태를 갖는 프랙털fractal과 비슷한 구성입니다.

▶ 프랙털

저작자 Kh627, CCL 3.0

위 그림은 소용돌이 패턴에 눈꽃 같은 게 붙어있죠. 회색 박스는 어떤가요? 전체와 같은 형식이 재현되고 있죠? 확대한 곳은 어떤가요? 마찬가지죠? 이 정도로 복잡하지는 않겠지만 책도 비슷한 패턴으로 구성된다고 보면 됩니다. 다음과 같이 말이죠.

- 앞부속 : 전체 내용을 소개한다.
- 1장 첫 문장 : 1장에서 다룰 내용을 소개한다.
- 1장 1절 첫 문장 : 절에서 다룰 내용을 소개하고 상세 내용을 소개한다.

이 구조가 적용된 예를 표로 살펴보면 다음과 같습니다.

▶ **프랙털 구조를 닮은 장 구성 예**

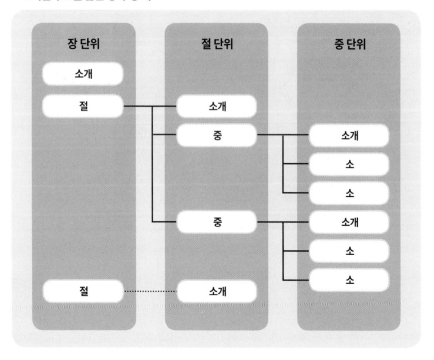

장, 절, 중 단위 시작마다 소개 글이 먼저 있고 나서 하위 항목이 있습니다.

3 깊이 있는 내용도 쉽게 설명하라

깊이 있는 내용도 쉽게 쓰라는 말이 논리적으로 모순되어 보이나요? 반대로 쉬운 내용을 어렵게 설명하는 경우는 어떤가요? 살면서 자주 겪잖아요? 쉬운 내용을 어렵게 설명하기가 성립하면 반대인 어려운 내용을 쉽게 설명하기도 성립하는 겁니다.

쉽게 설명하려면 독자를 초보자로 여겨 설명해야 합니다. 전문가는 '딱 하면 척' 하고 알아듣잖아요? 반면 초보자는 그렇지 못하죠.

깊고 어려운 내용을 쉽게 설명하는 일은 어렵습니다. 설명하려는 바를 정확하게 꿰뚫어봐야 가능하죠. 따라서 '이 저자 참 대단해, 어려운 내용을 알기 쉽게 설명했어'라는 생각이 든다면, 저자가 해당 주제를 제대로 아는 겁니다.

온라인 서점에 가보세요. 쉽게 설명해서 좋았다는 칭찬은 있어도, 어렵게 설명해서 좋았다는 칭찬은 없잖아요? 독자가 짧은 문장을 읽고 무릎을 탁 친다면, 저자의 통찰이 독자에게 제대로 전달된 겁니다!

쉬운 팁 하나 드릴게요. 어려운 내용을 쉽게 설명하는 가장 쉬운 방법은 단문을 쓰는 것에서 출발합니다.

④ 이해를 돕는 다이어그램(그림)을 최대한 많이 넣어라

이해를 돕는 그림은 정말 큰 도움이 됩니다. 예문을 한번 보시죠.

다음은 쥘 베른의 소설 『해저 2만 리』에 등장하는 잠수함 노틸러스호에 대한 묘사입니다.

무슈 아론낙스(M. Aronnax), 당신이 탄 배의 각 치수가 여기 있습니다. 이 배는 양끝이 길쭉하게 늘어진 홀쭉한 원통 모양입니다. 그 모양은 여송연과 비슷하며, 이미 런던에서는 같은 종류의 구조물들에 적용되고 있습니다. 뱃머리에서 선미까지 길이는 정확히 70미터이며, 최대 지름은 8미터입니다. 이 배는 당신이 긴 여행을 해온 증기선처럼 10대 1의 비율을 따르고 있지는 않습니다만, 선체는 충분히 홀쭉하면서도 활처럼 굽어있기 있기 때문에, 물을 용이하게 밀어낼 수 있으며 항해에 방해가 되지 않습니다. 노틸러스호의 표면적과 부피는 이런 두 치수로 간단히 계산해 낼 수 있습니다. 노틸러스호의 표면적은 1011.45제곱미터이며, 체적은 1500.2세제곱미터입니다. 결국은 노틸러스호가 완전히 잠수한 상태에서는 1500.2세제곱미터의 물이 배수됩니다. 1500.2 톤이라고 바꾸어 말해도 좋을 것입니다. 출처 : 위키백과

훌륭한 묘사지만 어떻게 생겼는지 명확히 감이 안 오네요. 다음 그림은 어떤가요? 책에 있는 삽화인데 잠수함 모양이 어떤지 이제 잘 알겠죠? 특히 여송연(담배/시가)이 어떤 모양인지 알게 되어 기쁘네요.

▶ 『해저 2만 리』에 실린 잠수함 노틸러스호 그림

이런 그림은 그리기 어렵다고요? 꼭 그림을 잘 그릴 필요는 없습니다. 조판과 교정 과정을 설명하며 제시한 다음 그림은 어떤가요?

▶ 조판과 교정 과정을 설명한 다이어그램

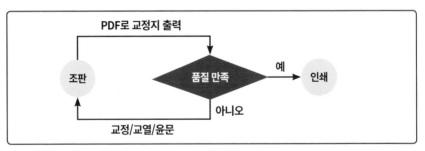

이 정도는 누구나 그릴 수 있겠죠? 단순하지만 이런 그림은 이해를 크게 돕습니다. 그림을 그릴 때 본문에 쓴 내용을 너저분하게 다 붙이면 오히려 이해를 방해할 수 있습니다. 한눈에 딱 들어올 정도의 설명이면 충분합니다.

이때 본문과 그림이 따로 놀지 않게 주의해야 합니다. 그림을 제시하고 본문에서 그림 위주로 설명을 해주면 됩니다. 즉 그림과 본문이 유기적이어야 합니다. 있어도 그만 없어도 그만인 본문과 따로 노는 그림은 지면 낭비이므로 아예 원고에 넣지 않는 게 상책이죠. 붙여만 놓고 설명 없는 그림도 마찬가지로 무용지물입니다. 독자한테 알아서 파악하라는 건데, 이해를 돕는 적절한 방식은 아니죠.

6.2
경어체 vs. 평어체 선택

사소하지만 일찍이 정하지 않으면 나중에 일이 커지는 사안이 있습니다. 경어체를 쓸지 아니면 평어체를 쓸지 선택하는 일이 그렇습니다.

그런데 경어체는 높임말과 같은 뜻으로 사전에 등록되어 있지만, 평어체는 사전에 등록이 안 되어 있습니다. 흔히들 사용하는 평어체는 높임말의 반대말이니까 낮춤말로 볼 수 있습니다. 극존칭이나 극하대를 하지 않는 경우 일반적으로 '습니다'로 끝나면 경어체(높임말), '이다'로 끝나면 평어체(낮춤말)로 볼 수 있습니다.

책 한 권에서 이 둘은 혼용하지 않고 일관되게 사용해야 하는데, 글이 길다 보니 통일해 쓰기가 쉽지 않습니다. 처음에는 경어체를 쓰다가 늘어지는 느낌이 들어 도중에 평어체로 바꾸기도 하고, 그 반대인 경우도 있습니다. 둘 중 무엇을 사용하든 크게 문제는 없지만 일반적으로 경어체는 입문/초보자 대상 책에 주로 씁니다. 반대로 평어체는 조금 더 난도가 높은 책에 씁니다.

- 경어체 : 에세이, 입문/초보자 대상 등에 적합
- 평어체 : 난도가 높거나 기술, 의학 서적, 신문 등 사실 전달에 적합

그런데 경어체를 쓸 때 표, 그림, 열거형에 경어체를 쓰면 속도감도 떨어지고 길게 늘어져 미관상으로도 안 좋아 보입니다. 그래서 본문에서는 경어체를 사용하지만, 표, 그림 등에는 평어체를 사용하여 혼용하기도 합니다.

문체 선택의 답은 대상 독자에 있습니다. 글 쓰는 초기에 대상 독자에 맞게 설정하세요. 나중에 고치려면 일이 만만치 않아 정말 놀랄 거니까요!

6.3
원고 템플릿 만들기

이어서 샘플 원고를 만들어야 합니다. 샘플 원고를 쓰려면 원고 템플릿이 있는게 좋습니다. 책을 자주 써서 머릿속에 전체 구조가 있다면 다를 수 있지만, 처음 쓴다면 템플릿을 만들어 그때그때 참조하며 집필해야 할 겁니다. 템플릿을 만들다가 책을 더 부각할 방법이 떠올라 집필 계획서를 보강할 수도 있겠지요.

원고 템플릿은 어떻게 만들어야 할까요? 평소에 책을 많이 읽었다면 '그 책은 무언가 참 특색이 있었어. 그런 점이 좋았어'라는 어렴풋한 기억이 들 겁니다. 읽

었던 책 구성이나 흐름을 다시 살펴보고 쓰려는 책에 알맞게 재구성하면 됩니다 (참고하라는 거지, 베끼라는 이야기는 아닙니다). 물론 아예 새로운 요소를 떠올려 추가하면 더욱 좋습니다.

6.1절에서 다룬 '본문을 쓰는 나만의 4원칙'을 적용해서 템플릿을 만들어보세요. 워드에 만들어도 되고 엑셀(스프레드시트)에 만들어도 됩니다. 한눈에 파악하는 용도로 만들면 됩니다. 전체 구성을 먼저 만드세요.

기존 도서 사례를 살펴보겠습니다.

 분석 **『출판사가 OK하는 책쓰기』 본문 구성**

이 책의 구성을 살펴보죠.

▶ **『출판사가 OK하는 책쓰기』 본문 구성**

대분류	소분류	설명
본문	소개	장에서 다루는 내용을 개괄 설명
	다루는 내용	다루는 내용 간단 소개
	분석/사례	실전 사례를 분석하거나 제시
	마치며	핵심 리뷰 및 필요하다면 과제 제시
부속	부록	본문에 싣지 못하지만 알아두면 좋은 내용 담기

실제 사례와 분석을 특징으로 삼았고, 그 외 복잡한 요소는 없습니다.

『처음부터 다시 배우는 서비스 디자인씽킹』 본문 구성

『처음부터 다시 배우는 서비스 디자인씽킹』 목차를 보면서 본문 구성을 살펴보겠습니다.

▶ 『처음부터 다시 배우는 서비스 디자인씽킹』(한빛미디어, 2017)

1부 서비스 디자인씽킹과 프로세스에 대한 이해
1장. 서비스 디자인씽킹 : 한눈에 살펴보기
1.1 왜, 서비스 디자인씽킹인가?
1.2 서비스 디자인씽킹, 무엇인가?
1.3 서비스 디자인씽킹, 어떻게 실행할 것인가?
1.4 마치며
2장. 관점 정비 : 사람 중심으로 이동하기
3장. 실전 사례 : 고양이 스마트 장난감
4장. 서비스, 디자인 : 새롭게 정의하기

2부 서비스 디자인씽킹 프로세스의 여섯 단계
6장. 이해하기 : 프로젝트 시작하기
6.1 팀 구성과 준비
6.2 프로젝트의 출발점 잡기
6.3 프로젝트 계획 세우기
6.4 이미 존재하는 내용 중심의 컨텍스트 조사
6.5 마치며

6.6 [놀 프로젝트] 이해하기 - 프로젝트 시작하기

7장. 관찰하기 : 접근하고 발견하기
8장. 분석하기 : 발견점 해석하기
9장. 발상하기 : 해결책을 위한 아이디어 확보
10장. 제작하기 : 해결 방안 전달하기
11장. 성장하기 : 측정, 학습, 제시

전체 2부, 11장으로 구성되었습니다. (지면을 아끼고자 1장과 6장 절 제목만 제시했습니다). 부 단위로 같은 구성입니다. 2부 각 장 끝에는 [놀 프로젝트]를 제시합니다. 책에서 제시하는 서비스 디자인씽킹 방법대로 실제로 프로젝트를 단계별로 진행하는 프로젝트를 예제로 삼은 거죠. 그래서 6장 제목이 '이해하기'이고, 6.6절 제목도 '[놀 프로젝트] 이해하기'입니다.

여행 가이드 서적이라면 어떻게 구성해야 할까요? 임신/출산/육아 서적이라면요? 책마다 적당한 구성 방법이 있습니다.

더 구체적으로 템플릿을 구성하려면 스프레드시트(엑셀)보다는 문서 편집기(워드 등)를 사용하는 것이 좋습니다. 그래야 그림/표/예제 캡션 스타일, 구체적인 프로젝트 소개 방법, 해결 방법 등을 명확하게 정할 수 있습니다.

템플릿 마련 후 샘플 원고로는 대표성 있는 장을 선택해야 합니다. 예를 들어 『처음부터 다시 배우는 서비스 디자인씽킹』을 집필한다면 샘플 원고로 1장과 6장을 써야 대표성 있는 템플릿이 제대로 마련되겠죠?

책쓰기 명심보감

편집자와 협업하면서 꼭 명심해야 하는 세 가지를 알려드리겠습니다. 절 제목이 3원칙이 아니고 '명심보감'인 이유가 있습니다. 머리로 익히는 기술이나 방식이 아니라 마음에 새겨야 하는 사항이기 때문입니다.

1 원고는 저자가 쓰는 것이다.
2 협업이 좋은 책을 만든다.
3 보고 또 보고

1 원고는 저자가 쓰는 것이다

굳이 이걸 왜 명심하라고 이야기할까 의문이 드시죠? 저도 처음에는 너무 놀랐는데요, 그렇지 않은 저자도 있습니다. 예를 들어 다음과 같은 경우죠.

1 편집자가 남긴 의견을 안 보고, 그냥 전부 반영하라고 한다. 혹은 편집자 의견에 무대응한다.
2 강의용 교안 수준으로 보내고 이후는 출판사가 알아서 고치라고 한다.
3 회사나 후임 혹은 연구소 조교에게 시켜 대필한다.
4 알바/대필 작가를 고용해 대신 쓴다(번역한다).

이런 경우는 도덕적으로도 문제가 있고 일부는 법적인 문제도 있습니다. 반드시 근절되어야 하지만 여전히 존재합니다. 게다가 품질이 낮아지는 원인이기도 합니다. 저자는 편했을지 모르지만 저자, 출판사, 편집자, 독자 모두가 손해를 보는 결과를 낳게 됩니다.

집필서는 아니지만 번역서에도 문제는 있습니다. 2000년도 중반에 베스트셀러 『마시멜로우 이야기』는 대리 번역으로 시끄러웠습니다. 공동 역자로 등록하면서 일단락되었죠. 보통 일정이 빡빡해지면 대리 번역의 유혹에 (또 다른 자신에게) 시달리게 됩니다. 공동 번역으로 등록하면 문제가 없지만 숨기면 속이는 거니까 문제가 되죠. 필요하면 담당 편집자에게 말해 공동 역자와 저자를 공식 추가하기 바랍니다.

이미 출간된 책을 출판사에서 어떤 목적에서든 재편집하고 저자는 확인만 하는 경우도 있습니다. 이처럼 진행한다면 이 사실을 판권 등에 언급해두는 것도 방법입니다.

② 협업이 좋은 책을 만든다

출판은 원고를 그냥 잉크 묻혀서 찍는 단순한 과정이 아닙니다. 책에 들어가는 모든 정보를 출판사에서 확인하고 서로 의견을 주고받죠. 기본 콘셉트를 잡고 목차를 설정하고 홍보 방안을 세우는 일까지 협의하지 않는 사항은 없습니다.

저자의 심기에 거슬리는 말일 수도 있지만 좋은 편집자는 원고에 있는 모든 내용을 의심하고 확인해 의견을 줍니다.

예를 들어 다음과 같은 문장이 원고에 있다고 가정해보겠습니다.

  "조선 4대 군주 세종대왕은 세조와 원경왕후의 셋째 아들이다."

세종대왕이 첫째가 아닌데도, 왕위를 물려받은 일화는 아주 유명하죠. 그런데 위 문장에도 오류가 있네요. 세종대왕은 세조가 아닌 태종의 아들입니다. 전문적인 지식이 있어야 의견을 줄 수 있는 예가 되겠네요.

그럼에도 이런 예를 드는 이유는 정말로 이런 오류가 초고에 적지 않고, 편집자의 의견이 중요하며, 저자는 편집자의 의견을 감정적으로 받아들이지 말고, 더 좋을 책을 만드는 첫 독자 의견으로 받아들여야 한다는 이야기를 하고 싶어서입니다.

한번은 20쪽 정도 분량 원고에 확인 요청을 담은 메모 100개를 넘게 달았습니다. 의견을 달고 나니 원고를 저자에게 전달하기가 꺼려졌습니다. 전문성에 상당히 우위에 있는 저자가 과연 편집자가 단 메모 폭탄에 어떻게 반응할까 걱정이 들었기 때문입니다. 그래서 다른 전문가에게 감수를 요청했습니다. 감수는 원문 자체와 제가 단 메모 모두를 대상으로 했습니다. 그렇게 전문가 의견까지 보태서 저자에게 보내자 다행히도 저자가 수긍하고 더 훌륭한 원고를 만들어 보내주었죠.

100개까지는 아니더라도 집필서에 다는 확인 메모 수는 일반적으로 번역서보다 많습니다. 번역서는 이미 구조가 정해져 있고 검증된 역자와 진행하는 편이라 피드백이 적을 수밖에 없습니다.

원고를 작성하다 보면 불필요해 보이는 최소한의 협업용 기호를 넣기도 합니다. 저자가 넣기도 하고 편집자가 넣기도 합니다. 원고를 조판하는 조판 디자이너는 글을 읽지 않고 원고를 조판합니다. 특별한 처리가 필요하다면 조판 디자이너가 알아볼 수 있는 기호나 메모를 남겨야 합니다. 그래야 원활한 협업이 가능하니 당연한 작업이라고 생각하고 따라주시면 됩니다.

'누군가 내 글을 읽어준다. 출간되기 전에 꼼꼼히 읽어준다!'

이 사실이 고맙지 않고 기분 나쁘다면 책을 집필해서는 안 됩니다. 또한 피드백 내용을 충실히 이행할 자신이 없다면 역시나 책쓰기는 곤란합니다.

❸ 보고 또 보고

정말 이상합니다. 그렇게 열심히 살펴봤는데 책이 출간되면 오탈자 신고가 들어옵니다. 단순 오탈자면 그래도 나은데, 잘못된 정보라면 곤란해지죠.

제대로 된 편집자와 협업을 했다면 단순한 띄어쓰기나 오탈자는 책 한 권에 몇백 건씩이나 신고되지는 않습니다. 그런데 편집자는 전문적인 지식이 없어 전문적인 내용까지 보장해주지는 못합니다. 결국 책 품질은 저자에게 달렸습니다.

더 좋은 책을 만들고자 감수나 베타 리딩을 수행하기도 하지만, 이 과정에서 오류를 다수 잡더라도 결국 책은 저자의 것입니다. 그래서 저자가 얼마나 원고를 꼼꼼하게 살펴봤는지가 품질을 결정한다는 사실에 변화가 없습니다. 사람이 하는 일이라 당연히 오류가 심어져 있을 수밖에 없습니다.

저자의 책이지만 편집자도 (이상하게도) 내 책이라는 마음으로 책을 만드는데요, 100권 넘게 출간한 저에게도 가슴 아픈 책이 한 권 있습니다. 인쇄 직전이었지만 '이건 한 번 더 봐야 해', '불안한데'라는 느낌이 들었습니다. 저자에게 "끝으로 이런저런 점 위주로 더 살펴봐주세요"라고 말을 전했더니 정색을 하며 "정말 여러 번 봤으니 그만 보고 싶다" 하더라고요.

여러 번 살펴보면 뭐하겠습니까? 예약 판매 직후 베스트셀러 순위에 올랐으나 배본 직후 그대로 묻혔습니다. 물론 책에 오류가 많다는 독자평이 줄줄이 달려서죠. 저자나 편집자나 출판사 모두 헛고생한 겁니다. 책을 구매한 독자의 피해도 말이 아니죠.

그 책은 제 가슴에 트라우마로 자리 잡았죠. 저자는 '책 냈다'라는 자긍심으로 살 겠지만, 손바닥으로 해를 가리지는 못하지 않습니까?

책에 실린 내용에 한해서는 저자가 우리나라 최고 전문가이자 권위자입니다. 여러 번 보는 것도 중요하지만, 한 번 볼 때마다 얼마나 꼼꼼하게 살펴봤느냐도 중요합니다.

인쇄소에서 인쇄하는 그 순간까지 원고를 볼 자신이 있는가 자문해보시겠습니까? 힘들겠지만 그리해야겠다는 생각이 든다면 이미 여러분은 훌륭한 저자입니다.

6.5

책쓰기 Q&A

초보 저자가 궁금할 만한 사항을 Q&A 형식으로 살펴보겠습니다.

Q 장 단위로 원고를 편집자에게 전달해야 할까요? 아니면 전체 원고를 전달해야 할까요?

A 피드백은 집필 초기부터 진행되어야 두 번 세 번 작성하는 걸 막을 수 있습니다. 원고를 다 쓰고 편집자에게 보낸다면, 피드백을 받는 시기가 그만큼 늦어지는 겁니다. (준)전문 작가가 아니라면 장 단위로 편집자에게 보내 피드백을 받는 것이 재작업량을 줄이는 방법입니다.

Q 사진(이미지)을 본문에 넣나요? 파일 이름만 넣나요?

A 본문에 넣는 것을 원칙으로 합니다. 예를 들어 엑셀 사용법 책을 집필한다고 합시다. 스크린샷 이미지가 없으면 본문 설명이 실제 메뉴와 맞는지, 제대로 필요한 표기가 되어 있는지 확인하기 어렵습니다. 그림 파일 용량이 아주 크다면 해상도를 줄여서라도 넣는 것이 좋습니다. 저자가 그림을 올리고 편집자가 확인하고, 조판하고, 다시 편집자가 원고랑 비교해 제대로 조판되었는지 확인하는 중복 검토 과정에 꼭 필요합니다.

Q 한 개 장의 길이는 얼마가 적당할까요?

A 한 개 장의 길이가 길면 절을 강조해서 조판하여 독자의 긴 호흡을 끊어주는 방법을 사용할 수 있습니다. 너무 길다면 장이 아니라 장을 부 단위로 바꾸는 것을 고려해보세요.

Q 한영 병기는 언제 해야 하나요?

A 인물이나 전문 용어에 병기하면 됩니다. 인터넷에서 한글로 검색되는 인물은 한영 병기할 필요가 없습니다. 왜 한영 병기를 하는지 그 이유를 생각해보세요. 추가 정보를 찾는 데 도움을 주려는 거죠. 그러니 한글로 검색되는 인물 이름을 영어로 병기할 필요가 없죠. 다만 전문 용어나 지명은 책 목적에 따라 한글로 검색되더라도 한영 병기해주는 것이 더 나은 선택일 수 있습니다. 단, 단어마다 첫 출현 시 한 번만 병기합니다.

Q 주석은 언제 달아요?

A 꼭 본문에서 다룰 필요가 없는 부가 정보라면 주석이 어울립니다. 가독성을 높이고 추가 정보를 제공하는 용도로 사용하면 됩니다.

Q 수식을 넣고 싶습니다. 어떻게 해야 하나요?

A 편집 도구에서 제공하는 수식 기능을 사용하면 됩니다. 복잡한 수식이라면 텍(Tex)을 사용하세요.

Q 번역서인데 역자의 말을 꼭 써야 하나요?

A 정해진 규범은 없습니다. 나라마다 출판사마다 다릅니다. 출판사 규범을 따르면 됩니다.

Q 책 속에 상황을 묘사하는 그림(도표/상황도)을 넣고 싶습니다. 저자가 그려야 하나요?

A 명확하게 상황을 묘사하거나, 편한 방법으로 알아볼 수 있을 정도의 그림을 제공하면 출판사에서 전문 작가에게 의뢰해 그립니다.

Q 고유명사도 우리말로 써야 하나요? 원어 그대로 쓰면 안 되나요?

A 원어로 쓰면 안 됩니다. 대표적인 고유명사인 이름을 예로 들어볼까요? Steve Jobs가 생전에 한글 이름을 사용해서 '스티브 잡스'라고 쓰는 게 아닙니다. 히브리어나 일본어로 된 고유명사를 원어로 쓰면 독자 대부분이 읽지 못하는 책이 됩니다. 영어는 그나마 발음을 유추할 수 있기는 해서 낫지만, 그래도 외국어입니다. 심지어 스펠링을 모르면 언급도 못하게 되니까 저자나 독자 모두를 고려해 한글로 쓰는 게 맞습니다.

지금은 그런 신문이 없지만, 1990년대만 해도 한자어를 한문으로 쓰는 신문이 많았습니다. 한글만 쓰는 신문이 등장하자, 한자를 써야 하네 마네 사회적 논란이 일 정도였습니다. 오늘날 한자어를 한문으로 표기하는 신문은 없습니다. 뉴스를 읽으며 읽기 불편하고 뜻을 이해하지 못할 일이 있던가요? 오히려 더 읽기 편해졌죠. 한글이 이처럼 이롭습니다.

6.6

마치며

책쓰기는 장거리 마라톤이라서 완주가 어렵습니다. 처음에는 의욕이 넘쳐 전력 질주하다가 시간이 지날수록 의욕은 바닥이죠. 그럼에도 초반 전력 질주를 권합니다. 그래야 초벌 원고가 쌓이고, 나중에는 그동안 들인 공이 아까워서라도 마무리를 짓게 되거든요.

의욕이 넘칠 때는 진도 빼는 욕심에, 의욕이 떨어질 때는 귀차니즘에 독자가 아닌 저자 입장에서 마구 글을 쓰게 됩니다. 책은 저자의 생각을 독자에게 전달하는 것이므로 최대한 쉽게 써야 하는 건 부정할 수 없는 명제죠. 이 장에서 알아본 쉽게 쓰는 방식을 염두에 두고, 편집자와 원만한 협업을 이루어 집필이라는 마라톤을 완주하길 빕니다.

7장

미운 글 피하기

책은 단어를 넘어서 문장, 문장을 넘어 문단, 문단을 넘어 절과 장과 부로 구성됩니다. 이렇게 구성된 긴 글을 즐거운 마음으로 읽으려면 글이 잘 읽혀야 할 겁니다. 그렇다면 잘 쓴 글은 무엇일까요?

> "못난 글은 다 비슷하지만 훌륭한 글은 저마다 이유가 다르다."

유시민 작가가 『유시민의 글쓰기 특강』에서 톨스토이가 쓴 『안나 카레니나』의 첫 문장 '행복한 가정은 다 비슷하지만 불행한 가정은 저마다 이유가 다르다'를 글쓰기에 빗대어 수정한 글입니다. 유시민 작가는 그 이유를 다음과 같이 들었습니다.

> "역설로 들리겠지만, 훌륭한 글을 쓰고 싶다면 훌륭하게 쓰려는 욕심을 버려야 한다. 못난 글을 쓰지 않으려고 노력하기만 하면 된다. 〈중략〉 글도 비슷하다. 쓴 사람도 다르고, 글도 다르고, 읽는 사람 취

향도 달라서 '세상에서 제일 훌륭한 글'을 특정할 수는 없다. 하지만 세상에는 분명히 훌륭한 글과 못난 글이 있으며 그 둘을 가려내는 기준을 세울 수 있다. 그런데 훌륭한 글은 서로 다르게 훌륭한 반면 못난 글은 대부분 비슷한 이유로 못났다."

제 생각도 다르지 않습니다. 잘 쓴 글에 점수를 매기기는 어렵지만 나쁜 문장인지 아닌지는 구분할 수 있습니다. 이제부터 더 좋은 글을 쓰는 원칙이 아니라 나쁜 글을 피하는 방법을 다음과 같은 순서로 알려드리겠습니다.

1   외국어 우리말 표기 원칙
2   흔한 번역투 TOP 12
3   비문 금지와 좋은 습관
4   비문을 방지하는 비법
5   좋은 번역

외국어 우리말 표기 원칙

외국어 우리말 표기 원칙은 출판사마다 기준이 다를 수 있습니다. 일반적으로 다음 기준을 적용하면 크게 벗어나지 않습니다.

1　용어 표현하기
   a.　뭐든 우리말로 : 단 HP, MS처럼 영문 자체로 쓰면 더 가독성이 높을 때는 예외(프로그래밍에서 쓰는 변수, 함수명도 영문으로)
   b.　우리말 없으면 신조어 개발
   c.　마땅한 신조어 없으면 음차 표기 및 영문 병행 표기(예 : 사과(apple))
   d.　채택된 용어 말고도 다른 표현도 있다면 알려주고, 선택 이유도 밝혀주기

2　음차 표기 원칙 - 국립국어원 〈외국어 표기 원칙〉을 따를 것
   a.　국립국어원 〈일본어 표기법〉 준수
   b.　국립국어원 〈영어 표기법〉 준수
   c.　국립국어원 〈용례찾기〉 활용
   d.　주의 : 외국어 표기 원칙이 늘 보편적으로 옳게 사용되는 것은 아니므로 주의(예 : 솔루션 vs 설루션. 후자가 외래어 표기법에 맞으나 보편적인 단어 채택 사용-)

3　전문 용어 선정 절차
   a.　학회/공공기관 용어 참고
   b.　적당한 용어가 없으면 전문 (한글) 사이트와 위키피디아 참고
   c.　그래도 없는 용어는 구글링

이 원칙을 어떻게 다 따르나 걱정이 앞설 것입니다. 그런 걱정은 떨쳐버려도

좋습니다. 중학 영단어가 2,000개 내외입니다. 실용서를 집필하면서 사용하는 단어가 그보다 많을 것도 없습니다. 쓴 단어 또 쓰는 거죠.

참고로 국립국어원의 맞춤법에 대한 갑론을박이 학자 사이에도 있습니다. 초중고 교과서로 인증받으려면 검정 과정을 통과해야 합니다. 이때 표준어를 사용하지 않으면 인증이 안 됩니다. 소수이기는 하지만 지금 헤게모니를 쥐고 있는 곳은 국립국어원이므로 교과서를 만든다면 원칙을 따르는 게 현실적인 방안입니다. 반면 단행본은 용어 선정에 더 자유롭습니다. 국립국어원은 책과 신문 등에 사용된 단어 빈도를 고려해 표준어를 지정할 때 참고합니다. 즉 표준어를 만드는 역할이 미약하게 나마 단행본에 있어 용어 선정에 더 자유롭습니다. 그렇다고 동의할 수 없는 내 멋대로 용어를 마구잡이로 사용해서는 안 되겠죠.

7.2
흔한 번역투 TOP 12

번역투란 우리나라 어법에 없는데 외국어를 우리말로 번역하면서 생긴 표현입니다. 이 번역투는 뭐가 문제일까요? 우리글로 쓰였지만 이해가 안 된다는 겁니다. 혹은 이해는 되지만 딱 맞는 느낌이 안 들기도 합니다. 번역투는 가독성을 해치고 뇌를 피곤하게 만듭니다. 물론 번역투에 너무 익숙해진 독자라면 가독성에 전혀 문제가 없고, 피로하지도 않겠지만 말이죠.

번역투로 우리말은 파괴되고 있습니다. '우리말이 파괴되다니? 더 풍성해지는 게 아니야'라는 생각이 들 수도 있습니다. 그건 어휘(개념)가 더해질 때 이야기고, 외국어 어순과 어법을 억지로 우리말처럼 둔갑시키면 우리말이 파괴되는 겁니다.

번역투는 무슨 말인지는 알겠지만 깔끔한 문장이라고 느끼기에는 무리가 있습니다. 예를 하나 들어보겠습니다.

- 철수는 10개의 소를 키운다.

무슨 뜻인지 바로 이해가 될 겁니다. 우리말답게 하면 다음과 같겠죠.

- 철수는 소 열 마리를 키운다.

앞 문장에 비해 어떤 느낌이 드나요? 몸에 딱 맞는 옷을 입은 것처럼 입에 딱 달라붙지 않나요?

어려서 '우리말 고운 말'이라는 프로그램을 간혹 보았습니다. '우리말 고운 말'은 잘못 사용되는 우리말 사례를 들어 바로잡아주는 교양 프로그램입니다. 어린 나이에도 이미 고착된 오용을 바꾸려는 시도가 제대로 정착되지 않아 보인다는 생각이 들더군요. 말은 끊임없이 시대와 교류하며 시대상을 반영해 변하는 법이니까 의미와 용도 변화는 피할 수 없다고 생각합니다.

'우리말 고운 말'을 제작한 언어 전문가 입장에서 제가 종사하는 IT 전문서를 보면 정말 턱이 다물어지지 않을 겁니다. 그렇다고 '언어 전문가 눈높이에 맞추어 글을 쓰자' 주장하려고 꺼낸 추억은 아닙니다. 오히려 그 반대입니다. 이미 우리말은 외래어와 섞어찌개가 되었습니다. 현재 상황을 인정하겠습니다. 그럼에도 덜 피곤한 문장을 쓰려는 '최소한의 노력'은 필요하다는 말을 드리려는 겁니다.

일제 식민기를 겪으며 일본어 투가 우리말에 깊게 침투했습니다. 해방 이후에도 일본어와 영어로 된 기술이 우리에게 엄청나게 전파되면서 여전히 일본어 투에서 헤어 나오지 못하고 영어 번역투까지 섞였습니다. 그래서 우리도 모르게 쓰는 번역투가 적지 않습니다.

이제부터 '흔한 워스트 번역투 TOP 12'를 알려드리겠습니다. 쉽게 개선할 수 있는 번역투 위주로 선정했습니다.

이것만 지키면 미운 문장 면한다! 워스트 번역투 TOP 12

1	대명사 남발	7	~을/를 가지다, 가지고 있다
2	피동 남용	8	~로부터
3	'의' 남용	9	~통해
4	~의 경우	10	~에 있어
5	~에 관하여, ~에 대하여	11	~하기 위하여, ~하기 위해
6	~하는 중이다	12	'들' 남용

하나하나 살펴보며 실전 예문도 제시할 겁니다. 온라인 서점에 등록된 도서 정보에서 뽑은 예문에는 도서명을 적어뒀습니다. 출간된 도서는 편집자가 교정한 결과라 번역투를 찾기가 쉽지 않았습니다. 어렵게 찾은 예문이니 거론된 도서의 문장 품질을 곡해하는 일이 없기를 당부드립니다. 기타 웹페이지에서도 예문을 찾았습니다.

🔟 대명사 남발

그것, 그, 그녀, 이것, 우리, 나, 당신 등이 대명사입니다. 우리말은 유추가 가능하면 대명사를 쓰지 않습니다. 영어 독해하면서 it이나 this가 무엇을 가리키는지 열심히 찾던 기억나죠? 이처럼 대명사가 직관적이지 못하고 뇌를 피곤하게 합니다. 그러니 생략할 수 있다면 삭제합시다! 꼭 필요하다면 누구인지 명확하게 다시금 써주는 것이 더 낫습니다.

1 철수는 사과를 좋아해서 퇴근길에 그는 과일가게에서 사과를 샀습니다.

2 철수는 사과를 좋아해서 퇴근길에 과일가게에서 사과를 샀습니다.

3 철수는 사과를 좋아합니다. 그래서 철수는 퇴근길에 과일가게에서 사과를 샀습니다.

대명사를 사용한 1번보다 '그는'을 삭제한 2번이나 반복 사용한 3번이 더 우리말 표현에 가깝습니다.

다음은 흔한 저자 소개의 한 문장입니다.

- 그는 서울에서 태어났다.

어차피 저자에 대한 소개이므로 '그는'은 불필요합니다.

- 서울 태생.
- 서울에서 태어났다.

라고 하면 그만이죠.

이런 대명사 사용은 번역서에서 쉽게 발견할 수 있습니다. 영어 공부를 하면서 인칭대명사, 소유대명사, 지시대명사, 의문대명사, 관계대명사, 부정대명사, 재귀대명사, 상호대명사 공부를 다들 하셨을 겁니다. 대명사 종류가 이만큼 많다는 것은 대명사를 그만큼 활용한다는 뜻입니다. 반면 우리나라는 그렇지 않습니다. 따라서 일대일 번역하면 대명사를 남발하여 어색하거나 어려운 글이 되기 쉽습니다.

② 피동 남용

우리말에서는 피동보다는 능동을 많이 씁니다. 무정물을 주어로 사용하는 일을 꺼리기 때문입니다. 게다가 이중 피동은 아예 없습니다! 꼭 필요한 경우 피동을 쓰더라도 이중 피동은 피해야 합니다!

피동 사례

피동을 쓰는 사례를 살펴보겠습니다.

~이 요구되다 → 이 필요하다
- 이 빅데이터의 저장은 클라우드가 요구된다.
  - → 이 빅데이터를 저장하려면 클라우드가 필요하다.

~에 위치하다 → 에 있다
- 우리 회사는 마포구에 위치한다.
  - → 우리 회사는 마포구에 있다.

~을 필요로 하다 → 가 필요하다, 있어야 한다
- 이 금고로의 접근은 권한을 필요로 하다.
  - → 이 금고에 접근하려면 권한이 있어야 한다.

이중 피동 사례

쓰여지다, 되어지다 등이 있습니다. '쓰여지다'는 '쓰이다 + 어지다'의 합성입니다. 이때 '쓰이다'는 '쓰다'의 피동형입니다.

이중 피동 예	구성	피동형	능동형
쓰여지다	쓰이다 + 어지다	쓰이다	쓰다

예문을 살펴보겠습니다.

- 『토지』는 박경리 선생에 의해 쓰여졌다.
  → 박경리 선생은 『토지』를 썼다.

또는 다음과 같이 쓸 수 있습니다.

- 『토지』는 박경리 선생이 쓴 소설이다.

다른 예도 하나 더 살펴보겠습니다.

- 쌀이 익어 밥이 되어진다.
  → 쌀이 익어 밥이 된다. / 쌀을 익히면 밥이 된다.

『번역의 탄생』에서 이희재 선생은 글이 지저분하면 생각도 지저분해진다고 말씀하셨습니다. 내 생각이 지저분해진다니, 이런 표현을 고치는 습관을 들여야겠네요!

❸ '의' 남용

일본어는 공식적으로 띄어쓰기가 없습니다. 그래서 쉼표와 '의(-の)'로 그 역할을 대신합니다. 그런데 우리말에는 띄어쓰기라는 훌륭한 기법이 있으니 '의'를 열심히 쓰지 않아도 됩니다. 영어 '~of'도 마찬가지입니다.

- 갓뚜기의 초대 회장
  → 갓뚜기 초대 회장

- 그램 노트북의 무게는
  → 그램 노트북 무게는

- 자동차의 개수를
  → 자동차 대수를

- 그 회사의 직원의 평균 연봉의 수준은
  → 그 회사 직원의 평균 연봉 수준은
  → 그 회사 직원 평균 연봉 수준은

- 10개의 서버를 실행했다.
  → 서버 10대를 실행했다.

'의'를 쓰지 않는 법칙이 있을까요?

우리말은 명사 연속기가 제대로입니다. '의'를 빼거나 우리말 어순에 맞게 고치면 됩니다. 다음 문장을 살펴보시죠.

- 오뚜기의 창업주인 함태호 회장은 2016년 7월 기준 4,242명의 어린이에게 새로운 생명을 제공했다.

저는 다음과 같이 고치겠습니다.

- 오뚜기 창업주 함태호 회장은 2016년 7월 기준 어린이 4,242명에게 새로운 생명을 제공했다.

'의'와 '인'을 빼 '오뚜기의 창업주인'을 '오뚜기 창업주'로 수정했습니다. 명사 연속기가 강한 우리말 특성을 살렸는데 전혀 어색함이 없습니다. '4,242명의 어린이'는 '어린이 4,242명'으로 수정했습니다. 어순을 우리나라 말에 맞게 바꾸었더니 '의'가 있을 자리가 없군요!

다른 예도 하나 살펴보겠습니다.

- 나는 그린피스의 임원으로 사무실에서 6명의 직원들과 일한다.
  → 나는 그린피스 임원으로 사무실에서 직원 6명과 일한다.

회사명 뒤에 오는 직함에는 '의'를 쓰지 않는다고 알아두어도 좋지만, 그보다 '우리말은 명사 연속기가 강하니 꼭 필요하지 않은 '의'를 모두 제거한다'는 대원칙 하나만 알아두면 충분합니다.

4 ~ 경우

첫머리에 오는 '~경우는' 대부분 번역투입니다. 첫머리에 오는 '경우'를 생략하면 문장이 깔끔해집니다.

- 저의 경우에는 → 저는
- 승합차 경우에는 → 승합차는
- 프로그래밍 경우에서는 → 프로그래밍에서는
- 합격하는 경우 좋겠네 → 합격하면 좋겠네

실전 예문을 하나 보겠습니다. 다음은 위키백과에 등록된 글입니다.

- 인물의 경우 학교에 대한 값을 지정하여 교육을 수료한 기관의 속성을 추가할 수 있습니다. 건물의 경우 경도와 위도값을 지정하여 지리 좌표 속성을 할당할 수 있습니다.
  → 인물이면 학교에 대한 값을 지정하여 교육을 수료한 기관의 속성을 추가할

수 있습니다. 건물이면 경도와 위도값을 지정하여 지리 좌표 속성을 할당
할 수 있습니다.

→ 인물에는 학교에 대한 값을 지정하여 교육을 수료한 기관의 속성을 추가할
  수 있습니다. 건물에는 경도와 위도값을 지정하여 지리 좌표 속성을 할당
  할 수 있습니다.

'의 경우'를 '이면' 혹은 '에는'으로 바꾸었습니다. 훨씬 깔끔하네요.

🔟 ~에 관하여, ~에 대하여

'about'에서 온 번역투입니다. 관하여, 관한, 관해, 대하여, 대한, 대해 등으로 (좀
성의 없게) 번역하며 고착됐습니다. 더 성의 있게 표현하면 의미가 명확해지는
더 좋은 문장을 만들 수 있습니다.

- 과거형에 대한 문법을 알아보자.
  → 과거형 문법을 알아보자.

- 파일 접근 오류에 대하여 확실히 대비하자.
  → 파일 접근 오류에 확실히 대비하자.

- 생철학에 관하여 토론합시다.
  → 생철학을 주제로 토론합시다.

위키백과에서 찾은 실전 예문을 살펴보시죠. 다음은 '아르투어 쇼펜하우어'를 소
개한 글의 일부입니다.

- 쇼펜하우어는 1820년 대에 동양학자 프리드리히 마이어를 통해 힌두교와 불
  교에 관해 알게 되었다.

→ 쇼펜하우어는 1820년 대에 동양학자 프리드리히 마이어를 통해 힌두교와 불교를 알게 되었다.

'알다'에는 목적어가 붙습니다. 'OO을 알다'처럼 써야 하는 거죠. 위 문장에서 목적어는 '프리드리히 마이어를'뿐인데, '프리드리히 마이어를 알게 되었다'는 의도와 안 맞습니다. 그럼 '알게 되었다'와 호응하는 목적어는 어디에 있을까요? '힌두교와 불교에 관해'를 '힌두교와 불교를'로 수정했습니다. '힌두교와 불교를 알게 되었다'가 되니 어법에 잘 맞고 의도도 잘 파악되네요.

6 ~하는 중이다

현재진행형 'be -ing'의 번역투입니다. 현재형으로 바꾸면 됩니다.

- 민원을 처리하는 업무를 담당하는 중이다.
  → 민원 처리 업무를 담당하고 있다.
  → 민원 처리 업무를 담당한다.

- 비가 오는 중이다.
  → 비 온다.

- 뉴욕에서 오는 중이다.
  → 뉴욕에서 오고 있다.
  → 뉴욕에서 온다.

- 밥 먹는 중이다.
  → 밥을 먹고 있다.
  → 밥 먹는다.

- 경제학을 공부하는 중이다.
  - → 경제학을 공부하고 있다.
  - → 경제학을 공부한다.
  - → 경제학 공부를 한다.

영어를 배우며 다양한 시제 문법을 배웠을 겁니다. 과거완료형을 배우며 다음과 같은 서술어를 봤던 기억이 있으시죠?

- 했었다.
- 했었었었다.

우리말에는 과거완료형 같은 서술어는 없으니 '했다'로 바꾸면 됩니다(다시 한 번 말씀드립니다. 우리말 문법과 영어 문법은 일대일 대응이 안 됩니다. 단어는 가져다 쓸 수 있지만 다른 문장 구조와 문법을 마구 가져다 쓰면 지저분하고 이상해집니다).

실제 예문을 살펴보겠습니다. 다음 문장은 위키백과에서 가져왔습니다.

- 아서는 쇼펜하우어와 편지교환을 자주 했는데 쇼펜하우어로부터 30여 통의 편지를 받았다. 아서는 〈쇼펜하우어와 다윈주의〉라는 논고도 발표했었다. 찰스 다윈은 이 논고를 읽다가 아서가 인용한 쇼펜하우어의 글들을 자신의 저서 〈인간의 유래와 성선택〉에 인용하기도 했다.

고칠 곳이 있는 두 번째 문장만 다시 보겠습니다.

  - → 아서는 〈쇼펜하우어와 다윈주의〉라는 논고도 발표했다.

예를 하나 더 들겠습니다.

- 2016년부터 학원에서 직장인을 대상으로 하는 마케팅 강의를 진행하고 있고, 기업체와 대학에서 특강도 진행하고 있다.

1년 365일 매분매초 현재 시점이 '강의 도중이' 아닐 겁니다. 따라서 다음과 같이 바꾸면 더 깔끔합니다.

- 2016년부터 학원에서 직장인 대상 마케팅 강의를 진행하고, 기업체와 대학 특강도 진행한다.

그밖에 수정했으면 할 곳이 있지만 주제를 벗어나면 안 되니 이만하겠습니다.

■7 ~을/를 가지다, 가지고 있다

'have'와 'take'의 번역투입니다.

- 그는 아들을 하나 가지고 있다.
  → 그는 아들이 하나다.
- 알파고와 이창호 9단이 바둑 경기를 가졌다.
  → 알파고와 이창호 9단이 바둑 대국을 치렀다.
- 이 호텔은 많은 편의 시설을 가지고 있다.
  → 이 호텔은 많은 편의 시설을 제공한다.
  → 이 호텔은 편의 시설이 많다.

위키백과에서 예문 하나를 살펴보겠습니다.

- 위키백과가 성장함에 따라, 위키백과에 대한 서로 다른 철학과 생각을 가진 사용자들이 늘어남에 따라 위키백과의 발전 방향에 대해 분쟁이 생기는 것은 자연스러운 현상이기도 합니다. 서로의 입장에는 일면 타당성을 가지고 있으므로 상대의 입장을 존중하고 거기에서 취할 것이 무엇인지 따져봄으로써 진정한 발전 방향이 무엇인지 함께 중지를 모아가야 하겠습니다.

두 번째 문장만 살펴보겠습니다.

> → 서로의 입장에는 일면 타당성이 있으므로 상대 입장을 존중하고 거기에서 취할 것이 무엇인지 따져봄으로써 진정한 발전 방향이 무엇인지 함께 중지를 모아가야 하겠습니다.

'을 가지고' 대신 조사 '이'만 사용해 더 간결하면서 확실하게 뜻을 전달했습니다.

8 ~로부터

'from'의 번역투입니다. 바로 예문을 보겠습니다.

- 한강으로부터 10킬로미터 떨어진
  → 한강에서 10킬로미터 떨어진

- 너에게로부터 온 편지
  → 네게서 온 편지

- 중국으로부터 온 응답
  → 중국에서 온 응답

- 은닉하는 것으로부터 시작된다.
  - → 은닉부터 시작된다.
  - → 은닉이 시작이다.

이번에는 누구나 아는 대한민국헌법 제1조 일부를 살펴보겠습니다.

- 제1항 대한민국은 민주공화국이다.
- 제2항 대한민국의 주권은 국민에게 있고, 모든 권력은 국민으로부터 나온다.

제2항을 다음과 같이 고쳐보겠습니다.

→ 제2항 대한민국 주권은 국민에게 있고, 모든 권력은 국민에게서 나온다.

이 문장은 바이마르 헌법 1조 '국가권력은 국민으로부터 나온다'를 참조했다고 합니다. 영어 원문을 번역투로 옮겨 헌법을 만들었네요.

9 ~ 통해/~에도 불구하고

'through'의 번역투입니다. '~ 통해' 때문에 (원고에서 고칠 문장이 너무 많아) 미치겠습니다. 거의 만능으로 사용됩니다. '~통해'는 굉장히 모호한 표현입니다. '사용해', '이용해' 등으로 문맥에 맞게 사용해주세요.

- 밤샘 공부를 통해 시험에 합격했다.
  - → 밤샘 공부를 해서 시험에 합격했다.
  - → 밤새워 공부해 시험에 합격했다.

- 망치를 통해 못을 박다.

→ 망치를 사용해 못을 박다.

→ 망치로 못을 박다.

- 버스를 통해 광장에 도착했다.

→ 버스를 타고 광장에 도착했다.

'~ 통해'를 사용한 예문을 더 살펴보겠습니다. '위키백과를 교육에 활용하기'의 일부입니다.

- 세계의 여러 위키백과에서는 교육적 목적으로 위키백과에 참여하는 프로젝트를 통해 학생들의 지식이 향상되었으며 위키백과에도 많은 내용이 확충되었습니다.

'프로젝트를 통해'를 '프로젝트를 진행해', '프로젝트를 수행해' 정도로 바꾸면 되겠네요.

→ 세계 여러 위키백과는 교육적 목적으로 위키백과 편집에 참여하는 프로젝트를 진행했습니다. 그 결과 프로젝트에 참여한 학생의 지식이 향상되고 위키백과 내용이 확충되었습니다.

계속해서 다른 예문도 뽑아 살펴보겠습니다.

- 위키백과에서의 작업을 과제로 내는 것은 교수·학습 방식으로 이용하면 여러 가지 이점이 있습니다. 학생들이 현실 세계의 주제들을 다룰 수 있어 교육적일 뿐만 아니라 흥미를 가질 수 있으며 헌신적 기여로 이어질 수 있습니다. 더구나, 학생들에게 협업의 기회를 통해 협업의 가치를 깨닫게 하고 그들의 노력이 위키백과와 같은 온라인 세계에 남겨져 누군가에 의해 또 활용될 수 있습니다.

마지막 문장만 살펴보겠습니다.

> → 더구나, 학생들에게 협업의 기회를 제공해 협업의 가치를 깨닫게 하고 그들의 노력이 위키백과와 같은 온라인 세계에 남겨져 누군가에 의해 또 활용될 수 있습니다.

'통해'를 '제공해'로 수정했습니다. 그런데 복문이라서 첫 문장과 두 번째 문장의 주체가 달라서 주술 불일치가 발생한 것 같습니다. 좀 더 다듬겠습니다.

> → 더구나, 학생들은 협업하면서 협업의 가치를 깨닫게 됩니다. 노력의 결과물은 위키백과와 같은 온라인 세계에 남겨져 누군가에 의해 활용될 겁니다.

'~에도 불구하고'도 엄청나게 사용합니다.

- 밤낮으로 일했음에도 불구하고 납기를
  → 밤낮으로 일했지만 납기를

- 서버를 증설했음에도 불구하고 트래픽을
  → 서버를 증설했지만 트래픽을

- 그럼에도 불구하고 마가린을 선택한
  → 그런데도/그럼에도/그랬음에도 마가린을 선택한

'~에도 불구하고'는 삭제만 하면 되니까, 더 설명하지는 않겠습니다.

🔟 ~에 있어

'in/are going to'의 번역투입니다.

- 성능을 높이는 데에 있어 메모리 용량은
  → 성능을 높이는 데 메모리 용량은

- 원인 분석 중에 있다.
  → 원인을 분석 중이다.
  → 원인을 분석한다.

'중에 있다'는 '중이다'로 바꾸면 간단히 해결됩니다.

위키백과 소개 문장을 가져와 살펴보겠습니다.

- 2011년 4월 16일에는 대한민국에서의 위키미디어 프로젝트를 지원하는 모임을 결성할 것을 추진하는 논의가 이뤄졌고 이후 창립준비위원회 결성을 거쳐 2014년 10월 19일 창립총회를 개최하였으며, 최종적으로 2015년 11월 4일 사단법인 한국 위키미디어 협회가 결성되어 활동 중에 있다.

복문이네요. 뒷부분만 살펴보겠습니다.

  → 최종적으로 2015년 11월 4일 사단법인 한국 위키미디어 협회가 결성되어 활동 중이다.

⑪ ~하기 위해

'~for' 번역투입니다. 너무 남용되어 이제는 뉴스나 신문에도 자주 등장합니다. 어쩌면 이미 우리말이 되었는지도 모르겠습니다. '위하다' 대상은 명사가 적절합니다. 행동은 '위하다'의 대상으로 적절하지 않습니다.

예를 들어 임재범의 '너를 위해'는 명사인 '너'를 대상으로 하니까 참으로 제대로 쓴 문장입니다. 반대로 다음과 같이 '대체하다'를 '위하다'의 대상으로 삼으면 적절하지 못합니다.

- 내 자리를 대체하기 위해 대기하고 있는 사람들이 있었다.
  - → 내 자리를 대체하려 대기하는 사람들이 있었다.
  - → 내 자리를 대체할 사람들이 대기하고 있었다.

- 예약을 취소하기 위해 전화를 걸었다.
  - → 예약을 취소하려고 전화를 걸었다.

위키백과에서 문장 하나를 가져와 한 번 더 살펴보겠습니다.

- 강의자가 성공적으로 위키백과를 교육 도구로 활용하기 위해서는 강의자가 먼저 위키백과를 이해하는 것이 좋습니다.
  - → 강의자가 성공적으로 위키백과를 교육 도구로 활용하려면 강의자가 먼저 위키백과를 이해하는 것이 좋습니다.

'위해서는'을 '하려면'으로 바꾸었습니다. 때로는 문장 순서를 변경하거나 단어를 더 명확히 대체해야 말끔히 해결되기도 합니다. 이번에는 위키백과 '나폴레옹 보나파르트'에서 예문을 뽑아 살펴보겠습니다.

- 야심만만했던 나폴레옹은 역대 프랑스 왕들이 전통적으로 대관식을 치른 랭스 대성당을 단호히 거부하고 노트르담 대성당을 즉위식 장소로 선택하였다. 자신은 부패한 부르봉 왕조를 계승하는 군주가 아닌, 위대한 로마 제국의 대를 이은 후손임을 만천하에 과시하기 위해서였다.

두 번째 문장만 살펴보겠습니다.

→ 자신은 부패한 부르봉 왕조를 계승하는 군주가 아닌, 위대한 로마 제국의 대를 이은 후손임을 만천하에 과시하려는 의도였다.

→ 자신이 부패한 부르봉 왕조를 계승하는 군주가 아닌, 위대한 로마 제국의 대를 이은 후손임을 만천하에 과시하려는 의도였다.

'위해서였다'를 더 구체적인 '의도였다'로 수정했습니다.

12 ~들

불필요한 '들'을 삭제해주세요. 그러면 문장을 읽기가 더 수월해집니다. 특히 복수를 쓸 필요 없는 무형 개념을 담은 단어는 더욱 그렇습니다(즉 추상 명사). 예를 들어 '사랑', '희망', '믿음', '정보'에는 '들'을 쓸 이유가 없습니다. 셀 수 있는 명사에는 '들'이 자연스럽지만, 이미 '많은' 등으로 수식되었다면 '들'을 쓰지 않습니다. 추상 명사에 '들'을 쓴 예문을 살펴보시죠.

- '정규분포'와 '중심극한정리'와 같은 어려운 개념들로 독자들을 짓누르고 싶지 않다.
  → '정규분포'와 '중심극한정리'와 같은 같은 어려운 개념으로 독자를 짓누르고 싶지 않다.

복수를 나타내는 말이 중복으로 쓰인 경우도 볼까요?

- 많은 학생들이 있다.
  - → 많은 학생이 있다.

영어와 달리 우리말은 중복해서 복수를 표현하지 않습니다. 과하다고 생각하기 때문입니다. 따라서 '많은'이 학생을 수식하므로 학생에서 '들'을 제거해야 더 깔끔한 문장이 됩니다.

⓭ 번역투를 바라보는 다른 시각

지금까지 열두 가지 번역투를 알아보았습니다. 열두 가지만 피하면 깔끔하게 글이 잘 읽힙니다. 제가 종사하는 IT 전문서는 엄청난 번역투의 연속이라 읽기가 힘든 책이 적지 않습니다. IT가 아무래도 영어권에서 먼저 발달해 전파되므로 어찌 보면 당연할 수도 있습니다. 상대적으로 문학 계열 책은 읽으면 엔도르핀이 솟구치죠. 아무래도 우리말에 민감하고 더 아름답게 만드는 전문가가 쓴 글이라 그렇습니다. 더 좋은 글을 쓰고 싶다면 문학 서적을 많이 읽어보세요. 나쁘지 않은 방법일 겁니다.

번역투를 바라보는 시선도 전문가마다 다릅니다. 우리말을 파괴하는 번역투를 지향하고 우리말을 풍성하게 하는 용어를 받아들이면 될 것 같습니다.

비문 금지와 좋은 습관

비문은 문법에 맞지 않는 문장을 말합니다.

발생하는 이유는 아주 다양합니다. 대표적인 현상 세 가지만 살펴보겠습니다.

1 주어 술어의 불일치
2 문장 호응 불일치
3 잘못된 조사 사용

1 주술 불일치

유명한 비문 하나를 예로 들어 보겠습니다.

"농구가 하고 싶어요."

『슬램덩크』 정대만이 안 선생님께 하는 고백입니다.

이 대사는 희대의 짤방이 되었지만, 주어와 술어가 서로 알맞지 않은 비문입니다. 다음과 같이 고쳐야 합니다.

• 농구가 하고 싶어요. → (저는) 농구를 하고 싶어요.

다른 예문도 살펴볼까요?

• 인근 스튜디오에서는 현재 진행하고 있는 광고가 제작 중이다.

광고가 스스로 제작을 할 수는 없습니다. 광고는 제작되거나, 광고를 제작해야 합니다. 원문을 존중해 광고를 주어로 삼아서 주술 일치를 시켜보겠습니다.

→ 인근 스튜디오에서는 현재 진행하고 있는 광고가 제작되고 있다.

우리말은 사물보다는 사람을 주어로 두는 걸 좋아합니다. 생략된 '사람'을 주어로 삼아 능동 형태로 수정해보겠습니다.

→ 인근 스튜디오에서 현재 진행하고 있는 광고를 제작 중이다.

그런데 '현재 진행하고 있는 광고'는 무슨 뜻일까요? 광고 촬영을 진행하고 있다는 건가요? 아마도 '의뢰받아서 광고를 만들고 있는' 정도를 의미하는 게 아닌가 싶습니다.

→ 인근 스튜디오에서 의뢰받은 광고를 제작 중이다.

아주 깔끔하게 정리되었네요. 우리말은 유정물이 주어인 걸 더 자연스러워합니다. 그래서 피동보다는 능동이 더 자연스럽습니다. 다음 문장을 보면 쉽게 느낌이 올 겁니다.

• 밥은 철수에게 먹혔다.

이상하죠?

• 철수는 밥을 먹었다.

자연스럽네요.

❷ 문장 호응 불일치

구조어라는 전문적인 용어로 설명해야 하는데, 그러면 머리 아프니 곧바로 예제를 살펴볼게요.

- 왜냐하면 달러를 기축통화로 취급된다.

좀 이상하죠? '왜냐하면'을 사용하면 '때문이다'가 따라와야 한다고 배우셨죠? 문장 호응이 제대로 되지 않았군요!

- 왜냐하면 달러를 기축통화로 취급하기 때문이다.

그밖에도 호응되어야 하는 구조어는 많습니다.

- 그밖에 결코 ~지 않겠다
- 아무리 ~해도

근데 우리나라 사람이면 그냥 아는 겁니다. 실수해서 발생하는 거죠. 실수는 누구나 하는 겁니다. 실수를 줄이려면 자신의 글을 차분히 다시 읽을 줄 알아야 합니다.

❸ 잘못된 조사 사용

은/는/이/가, 에게/에/에게서 등을 잘못 쓰는 경우가 있죠.

'은/는/이/가'는 역시나 단순 실수로 볼 수 있습니다. 그런데 '에게/에/에게서'는 그렇지 않을 때도 있어요. '에게'는 유정물, '에'는 무정물에 씁니다.

- 소포를 회사에게 전달했다.

위 문장은 다음과 같이 수정해야 합니다.

- 소포를 회사에 전달했다.

혹은 꼭 필요한 조사를 생략하는 경우도 있습니다.

- 오늘은 회사 가지 않았다.

회사 뒤에 '에'이 빠졌네요.

- 오늘은 회사에 가지 않았다.

역시나 우리나라 사람이라면 단순 실수일 겁니다.

그리고 조사는 영단어 바로 뒤에 붙여씁니다.

- server 는 → sever는
- class 를 → class를

이거 틀리면 반복 작업 왕국이 됩니다! 영문 뒤에 오는 조사를 띄어쓰는 분이 정말 많습니다. '은/는/이/가'는 앞에 오는 명사와 붙여써주세요.

따로따로 외울 필요 없이 '명사 뒤에 오는 조사는 무조건 붙인다'만 알면 됩니다.

7.4

비문을 방지하는 비법

비문을 만드는 실수를 하는 경우는 딱 두 가지입니다.

1 문장을 길게 쓴다.
2 퇴고하지 않는다.

따라서 그 반대로 하면 비문이 발생하지 않겠죠?

1 문장을 짧게 쓴다.
2 몇 번이고 반복해 읽는다.

1 문장을 짧게 쓴다

만연체는 죄악입니다. 반복하고 부연하고 수식하는 설명 어구가 긴 문체를 말합니다. 정확하게 설명하는 장점은 있지만 복잡하고 난해합니다. (전문 작가는 실력이 월등하니 그럴 일 없겠지만) 전문가가 비문을 만드는 완벽한 왕도이기 때문에 죄악입니다. 만연체를 쓰면 문장 길이가 길어지게 되죠.

초고를 받아들면 5줄짜리 한 문단이 한 문장인 경우가 허다합니다. 1줄 반을 넘으면 문장이 복잡합니다. 문장력 자랑하려고 책 쓰는 게 아닙니다. 전문가가 쓰는 책은 정보를 제대로 전달하는 것이 우선입니다. 멋지지 않아도 됩니다. 딱딱 끊겨도 어렵게 읽히는 5줄짜리 멋진 문장보다 한 줄짜리 다섯 문장이 더 낫습니다. 절대 2줄을 넘기지 않는 습관을 들입시다.

'위키백과를 교육에 활용하기'에서 문장 하나를 살펴봅시다.

- 위키백과에 관해 궁금한 점이 있다면 질문방 등을 통해 얼마든지 질문을 해주시고 각종 안내문의 안내를 통해 위키백과를 알아가실 수 있으실 것입니다.

복문으로 구성되어 깔끔하지 못하군요. 다음과 같이 잘라볼까요?

- → 위키백과에 관해 궁금한 점이 있다면 질문방 등을 통해 얼마든지 질문을 해주세요. 각종 안내문의 안내를 통해 위키백과를 알아가실 수 있으실 것입니다.
- → 위키백과에 관한 궁금한 점은 질문방 등에 얼마든지 질문해주세요. 위키백과에서 제공하는 각종 안내문도 도움이 될 겁니다.

문장 고치기 연습하려는 게 아니고 만연체를 쓰지 말자고 든 예문이니까, 단문으로 명확하게 전달한 다른 예를 살펴보겠습니다.

강원도 고성에 산불이 크게 나자 이재민 위로차 방문한 이낙연 총리의 말입니다.

- 우선은 여러분들 이렇게 합시다. 우선 며칠은 여기에 계셔야 될 거예요. 대피소에 계시는 동안에 식사를 하시거나 또 다른 일을 하시는 데 불편함이 없도

록 저희가 하겠습니다. 그리고 적십자 요원들이 이미 돕고 계시고 곧 주말이면 서울 같은 데서도 적십자 회원을 포함해서 자원봉사자들이 오실 걸로 압니다. 여기 사시는 데 필요한 식사와 생수 이런 걸 포함한 생필품, 의약품 이런거 차질 없이 드리도록 할게요. 어른들 가운데 고혈압 약을 잡수시거나 만성질환을 앓고 계신 분들 약을 못 가져온 분들이 계실 수 있어요. 그런 분들은 빨리 의약품을 확보해서 드려야 해요. 조사를 해서 의약품 차질 없이 해드리고, 그다음에 임시 거처를 곧 마련을 하겠습니다.[1]

② 몇 번이고 반복해 읽는다

본인 글을 다시 보면 집중력이 떨어집니다. 그래서 본인 글 실수보다 다른 사람글 실수가 눈에 더 잘 들어오는 겁니다. 글쓰기를 인내력 테스트라고 생각하고, 열심히 퇴고하는 수밖에 없어요! 퇴고는 몇 번 하는 것이 좋을까요?

편집자가 "시간 나면 한 번 더 읽어보시겠어요?"라고 제안을 했다면, "한 번 더 꼼꼼히 읽어주세요"로 해석하세요. 저자 기분을 상하지 않게 하려고 좋은 말로 권유했을 뿐입니다. "많이 읽었으니 그만 읽겠습니다"라고 화답하지 마세요. 심지어 화내는 분도 있습니다. 그런 경우 꼭 문제가 발생하더군요.

책을 출간할 때 (제대로 된 출판 프로세스라면) 담당 편집자는 최소한 3번을 읽습니다. 그 이상도 읽는데, 자꾸 읽으면 눈에 글이 안 들어옵니다. 그동안 저자도 글을 최소 3번은 보게 될 겁니다. 그럼에도 출간된 책에 오타가 있습니다. 퇴고 횟수에 정답은 없지만, 퇴고만이 유일한 길임에는 틀림없습니다.
아참, 반복해 읽을 때 의심되는 문장을 소리 내어 읽어보세요. 그럼 좋은 효과를 보게 될 겁니다.

---

1 출처 : www.youtube.com/watch?v=zfL-XUpGHcQ

좋은 번역

『번역의 탄생』 저자 이희재 선생은 책에서 이렇게 말씀하셨습니다.

> "원문에만 얽매이는 직역이 '낮은 포복'이고, 원문보다 자연스러운 한국어를 중시하는 의역이 '고공 비행'이다."

사실 이 말은 번역계 사람이면 누구나 아는 흔한 말로, 이희재 선생이 처음 하신 말씀이 아닙니다. 그럼에도 이 말을 이희재 선생의 책을 빌려서 꺼내드는 이유가 있습니다.

> "나는 아슬아슬한 '저공 비행'이 좋다고 생각했다. 〈중략〉 한국어가 이미 번역서를 통해 영어와 일본어에 상당히 깊이 물들어 있음을 깨달았다. 번역에 대한 나의 생각은 그때부터 조금씩 바뀌었다. 이미 외국어에 많이 물든 한국어에 외국어 문체의 흔적을 더 남기려고 애쓰는 것은 부질없다는 생각이 들었다. 그리고 그때부터 원문에서 멀어지는 고공 비행의 길로 날아올랐다."

번역 여정이 길어지면서 나름의 깨우침을 얻고, 그 사연을 담은 겁니다. 한 해 발간되는 책에서 번역서 비중을 무시할 수 없습니다. 오랜 연륜에 빛나는 번역가 이희재 선생 말을 귀담아들어 손해 볼 일은 없을 겁니다. 직접 경험만이 내것이 되는 건 아니니까요(참고로 『번역의 탄생』 20장 '셰익스피어와 황진이가 만나면'은 고공 비행 사례의 백미를 소개합니다. 한 번 읽어보시기 바랍니다).

'직역이 최고야'라고 자신 있게 주장하는 분은 '나는 한국어를 잘 모른다'고 공표하는 것과 같습니다. 직역하면 우리나라 어법에 맞지 않으니까요. 맞지 않으면 독자에게 피로감을 줍니다. 반대로 우리나라 말을 다른 나라말로 옮길 때도 마찬가지입니다. 고공 비행은 아니더라도, 적어도 '아슬아슬한 저공 비행'을 하려는 '노력'이 필요합니다.

'아슬아슬한 저공 비행'을 하려면 원저작자의 의도를 살려 편히 읽을 수 있게 적절히 의역해야 합니다. '적절히'는 정확한 계량이 어렵습니다. 그 정도를 얼마로 설정할지는 여러분 각자에게 맡깁니다.

뜬금없이 책쓰기 이야기를 하다가 번역 이야기로 빠졌죠? 이미 영어와 일본어에 상당히 깊이 물들었으므로, 번역뿐 아니라 글을 쓸 때도 우리말을 쓰려는 노력이 필요하기 때문입니다.

학창 시절 외운 훈민정음 첫 문단이 떠오르네요.

　'나랏말싸미 듕귁에 달아'

조금 바꿔볼까요?

　'나랏말싸미 미국에 달아'
　'나랏말싸미 일본에 달아'

이희재 선생의 『번역의 탄생』을 읽어보세요. 『유시민의 글쓰기 특강』 역시 집필이든 번역이든 책쓰기에 관심이 있다면 꼭 읽어보세요. 많은 책 추천 안 합니다. 어차피 다 읽지 않을 테니까요! 꼭 읽어야 할 책만 추천합니다!

마치며

좋은 글쓰기와 미운 글 안 쓰기 중에서 무엇이 더 쉬울까요? 저는 전자를 예술과 창의의 영역으로, 후자를 기계적인 규칙 영역으로 봅니다. 실용서에는 규칙이 잘 적용된 글이면 충분합니다. 게다가 저는 예술성이 높은 글을 쓰고 알려줄 능력도 부족합니다. 그래서 좋은 글쓰기가 아니라 미운 글을 피하는 방법을 알려 드렸습니다.

강원국 작가가 쓴 『강원국의 글쓰기』, 『대통령의 글쓰기』를 보면 좋은 글을 쓰는 방법이 잘 나와 있습니다. 좋은 글을 쓰고 싶은 분이라면 읽어보기 바랍니다.

8장

출간 전후 마케팅 노력

책쓰기는 개미지옥이라 끝이 없습니다! 힘들게 책을 썼으니 잘 팔리도록 저자와 출판사 모두가 노력해야 합니다. 이런 것까지 해야 하나 싶겠지만, 이게 출판 시장의 현실입니다. 저자가 쓰고 저자가 마케팅하고 말이죠.

기본적인 마케팅 방안은 집필 계획서를 함께 쓰며 말씀드렸습니다. 유통과 온오프라인 서점 관리, SNS 마케팅은 출판사에서 진행합니다. 그럼에도 저자의 개미지옥 같은 출간 후 노력에 초점을 맞춰서 이야기를 해보겠습니다.

다루는 내용은 다음과 같습니다.

1 콘텐츠 지속 관리

2 도서정가제를 지키며 홍보하기

3 강의/세미나

4 리뷰 이벤트

5 자가 출판에도 유용한 SNS 플랫폼

콘텐츠 지속 관리(오탈자 확인)

저자와 편집자가 각각 5번씩 원고를 살펴봤다고 해볼게요. 게다가 감수와 베타 리딩도 진행했다고 합시다. 그럼 '이 책은 정말 완벽합니다'라는 생각이 들 만도 합니다.

"그런데 말입니다."

정말 이상하게도 출간 전에는 보이지 않던 오탈자가 출간된 책을 받아들고 펼치는 순간 보입니다.

"이것은 매직입니다!"

이런 매직에 기뻐할 일도 없지만 너무 당혹스러워할 것도 없습니다.

제가 존경하는 위대한 컴퓨터 과학자이자 석학 도널드 커누스 교수 저서에도 오탈자가 있었습니다. 명서 『The Art of Computer Programming』을 출간하며 오탈자를 찾아 제보하면 2.56달러를 주는 기행을 펼치기까지 했죠. 왜 256센트냐면 256은 16진수로 1달러이기 때문이었습니다. 사비가 좀 털렸을 겁니다.

위대한 커누스 교수 책에도 오탈자가 있으니, 여러분 책에도 당연히 있습니다. 오탈자가 너무 많다면 어떤 대책으로도 책이 사장되는 것을 막지 못하겠지만 감당할 수 있을 만큼 오탈자가 발생하면 적절한 사후 대응으로 더 좋은 이미지를 얻을 수도 있습니다.

본인 블로그나 SNS로 정정 소식을 알리는 방법이 제일 좋습니다. 물론 출판사에서도 오탈자 정보를 수집해 저자 확인을 받아 수정 내용을 서지 정보에 공지합니다.

책뿐 아니라 모든 제품이 그렇지 않나요? 호미로 막을 거 포클레인으로 못 막는 사태를 자처할 필요는 없습니다. 지금은 실시간 소통이 가능한 시대입니다. 시대가 주는 문명의 이기를 최대한 활용하면 여러분 책이 훨씬 긍정적인 평가를 받게 될 겁니다.

8.2
도서정가제를 지키며 홍보하기

2014년 11월 21일부터 시행된 도서정가제는 도서 할인율을 제한하는 법입니다. 모든 도서는 온오프라인에서 정가의 10%까지만 할인해 판매할 수 있습니다. 마일리지 등을 이용하면 5%를 추가해 최대 15% 할인이 가능합니다(중고서적은 포함되지 않습니다). 3년마다 그 타당성을 검토해 폐지, 완화, 유지합니다. 다음 검토는 2020년 11월입니다.

우리나라만 시행하는 독창적인 법은 아닙니다. 독일, 프랑스, 이탈리아, 스페인, 일본 등 16개국이 도서정가제를 시행합니다.

▶ **도서정가제 시행 국가**

출처 : 위키미디어 공용 / 저작자 Thibaulth, C21H22N2O2 / 저작권 Creative Commons Zero

도입 취지는 도를 넘는 가격 경쟁을 막는 겁니다. 치킨런 게임에서는 소자본 기업이 먼저 죽는다는 것을 잘 아실 겁니다. 소규모 출판사를 보호하자는 겁니다. 정가에 거품을 빼고 콘텐츠 기반 공정 경쟁을 하자는 의도도 있습니다.

정가제 찬성뿐 아니라 비판 목소리도 있습니다. "출간된 지 오래된 도서도 정가제에 묶여 재고 떨이가 어렵다", "출판사보다는 대형 온오프라인 서점 이익만 불린다(서점에 납품되는 할인율은 종전과 같은데, 서점의 할인 폭만 줄었으므로)". 소비자는 소비자 대로 특별 할인으로 좋은 책을 살 기회를 놓쳐 기분이 좋을 리 없습니다.

모든 제도에 양면성이 있기 마련이니 '좋다 안 좋다'를 따질 시간에 '어떻게 이 제도 안에서 홍보/마케팅을 할 것인가?'를 생각하는 것이 더 바람직합니다.

정가제에서는 최대 할인율이 10%라고 했습니다. 출판사는 이 10%를 할인해주든가, 10% 이내 물건을 제공할 수 있습니다. 여러분이 독자라면 무엇을 선택하시겠습니까? 대부분은 10% 할인을 선택합니다. 따라서 할인을 기본으로 하고 5% 이내에서 마일리지나 굿즈를 제공하는 방법을 사용합니다.

정가가 3만 원이라고 하면 5%는 1,500원입니다. 이 돈으로는 무얼 할 수 있을까요? 최근 공기 오염 문제로 마스크가 나쁘지 않은 상품으로 떠올랐습니다. 머그컵은 설령 저 가격으로 제작이 가능하더라도 배송 중 파손 문제가 있겠네요. 그런데 머그컵은 그동안 너무 애용되어 매력적이지 않은 것 같습니다. 때에 따라서 굿즈 제작은 서점과 협의도 필요합니다!

탐정 셜록홈즈나 레고처럼 확실한 팬덤을 갖춘 분야라면서 할인보다 굿즈가 더 나은 효과를 낼 겁니다.

정가제 Q&A

질답 형식으로 정가제 관련 몇 가지 위반 여부를 살펴보며 글을 마치겠습니다.

Q 종이책을 구매했습니다. 해당 서적의 전자책을 대폭 할인하거나 공짜로 주시면 안 되나요?

A 안 됩니다. 정가가 있는 모든 책은 정가제에 준해서 판매해야지, 묶음이나 끼워팔며 정가제를 넘는 추가 할인을 제공하면 위법입니다.

Q 카드 마일리지를 이용한 추가 할인이 가능할까요?

A 안 됩니다. 총 할인 금액은 마일리지 할인까지 포함해 총 15%를 넘으면 안 됩니다.

Q 온라인 강의 업체입니다. 책이 3만 원이고 수강료는 2만 원입니다. 2만 원에 책까지 포함해서 강의를 진행할까 합니다. 가능할까요?

A 안 됩니다. 강의에 책을 포함할 수 있지만, 적어도 책값보다는 비싼 수강료로 책정해야 합니다.

Q 지인에게 무료로 책을 주려고 합니다. 파는 게 아닙니다. 대량 구매 할인율을 높게 적용해줄 수 있나요?

A 안 됩니다. 정가제에서 규정한 할인 폭까지만 적용할 수 있습니다.

Q 커뮤니티 행사가 있습니다. 출판사에서 오프라인 매대를 설치해서 파격적인 할인 특가로 판매해주면 좋겠습니다. 비영리 커뮤니티입니다. 많이 살 거예요.

A 안 됩니다. 소비자가 영리냐 비영리냐는 정가제와 관련이 없습니다.

Q 그럼 정가제 안에서 누구도 15% 이상 추가 혜택을 받을 수 없는 건가요?

A 그렇습니다.

강의/세미나

정가제는 직접적으로 구매를 일으키는 무한 할인 경쟁에 사망 선고를 내렸습니다. 굿즈 증정도 사실상 막혔습니다. 이제 남은 것은 콘텐츠 싸움이죠. 책 자체의 콘텐츠 경쟁이 가장 핵심이겠지만, 좋은 콘텐츠를 담은 책도 알려지지 않으면 세상에 없는 거죠.

따라서 이곳저곳에 책이 나왔다고 소문을 내야 합니다. 오프라인 광고는 굉장히 비쌉니다. 존경하는 유시민 작가나 베르나르 베르베르처럼 판매가 보장된 저자 책이 아니면 오프라인 홍보는 꿈도 못 꾼다고 생각하면 됩니다.

그럼 남은 곳은 온라인이죠. 최대한 많은 곳에 출간 소식과 이 책의 장점을 알려야 하는데, 그냥 책 소개만 올리면 그리 신통한 효과를 내지 못하죠. 출간 기념 저자 직강이나 세미나 정보를 넣어주면 더 효과가 좋겠죠. 출판사나 저자의 홈페이지뿐만 아니라 많은 사람이 찾는 행사 모객 전문 사이트에서도 모집을 하면 좋겠군요!

물론 일회성 말고 전문 교육 기관에서 지속적으로 강의를 진행하면 더욱 강력한 홍보 효과를 발휘할 겁니다.

리뷰 이벤트

리뷰 이벤트는 보통 출판사가 진행합니다. 책을 무료로 받아 읽고 독자평을 본인의 블로그나 온라인 서점에 등록하는 걸로 미션 클리어죠!

리뷰어를 모집해 리뷰를 진행해주는 전문 사이트도 있습니다. 대표적인 사이트가 '위블'입니다(도서 리뷰만 진행하는 곳이 아니에요).

- 위블 : www.weble.net

서평단을 모집하고 각 서평을 지정된 곳에 올렸는지 확인하고 정리해 결과를 보내줍니다. 가격은 규모에 따라 다양합니다. 여기서 작성된 모든 리뷰에는 업체로부터 지원받아 작성했다는 글을 명시해야 합니다. 돈을 받고 진행하는 모든 리뷰는 표시광고법 적용 대상이기 때문입니다.

'김미경TV'에서도 책을 소개해줍니다.

- 김미경TV : www.kmktv.co.kr

'책 끝을 접다' 페이스북 페이지는 무려 608,594명이 좋아합니다.

- 책 끝을 접다 : www.facebook.com/dogear

책 읽기를 너무 좋아해 책을 소개하다 책 소개가 직업이 된 유튜버 '책그림'도 좋은 홍보처입니다. 구독자가 26만이나 됩니다.

▶ 책그림 유튜브 페이지

또는 보도자료를 배포할 수도 있습니다. 보도자료는 아는 기자나 언론사 보도자료 접수처에 이메일로 보낼 수 있습니다. 혹은 유료로 뉴스캐스트 같은 보도자료 배포 업체를 활용할 수도 있습니다.

- 뉴스캐스트 : newscast.co.kr

경제경영이나 자기계발처럼 시장이 큰 분야에서나 유효한 방식으로 보입니다. 도서 전문은 아니지만 도서 리뷰를 해주는 사이트도 있습니다.

- 피프스ㅅ : 1boon.kakao.com/ppss/

그밖에 책을 홍보해주며 홍보비를 받는 곳들이 있는데, 언급할 정도로 신뢰도가 높은 곳은 아니라 스킵하겠습니다.

자가 출판에도 유용한 SNS 플랫폼

이제 남은 것은 SNS 활동입니다. 과거 포털에 있던 카페가 페이스북으로 많이 이전했습니다. 미리미리 커뮤니티에 가입해 기여하고 좋은 관계를 가져가는 게 좋습니다.

페이스북과 트위터 외에 가용한 온라인 홍보 채널도 여럿 있습니다. 크게 '영상', '글', '그림 +글' 기반 플랫폼으로 구분해 알아보겠습니다.

1 영상과 오디오 기반 서비스

최근 유튜버는 억대 연봉 직종으로 아주 핫합니다. 유명 유튜버가 내는 책이 온라인 서점 베스트셀러로 줄줄이 등극하는 추세입니다. 유튜브만 파괴력을 갖는 것은 아닙니다. 채사장 저 『지적 대화를 위한 넓고 얕은 지식』(한빛비즈, 2014)은 2017년 4월까지 110만 부 넘게 판매되었습니다. 2017년 8월 20일 마지막으로 방송된 동명의 인기 팟빵 팟캐스트의 인지도가 큰 힘이 되었습니다. 이처럼 방송과 책은 강력한 선순환 구조를 구축합니다.

영상과 오디오 방송 서비스는 다음과 같습니다.

▶ 영상과 오디오 방송 서비스

명칭	소개
유튜브	www.youtube.com 말이 필요 없는 최고의 동영상 콘텐츠 플랫폼. 10대뿐 아니라 50대 이상도 많이 이용한다. 최근 검색 엔진을 대체하고 있다.
트위치	www.twitch.tv 전 세계 최대 인터넷 개인 방송 서비스. 국내에서는 아프리카TV 다음 규모다. 아마존닷컴이 모기업이다. 처음에는 게임 방송으로 시작했다. 그 덕에 스포츠 게임 중계는 트위치가 꽉 잡았다.
팟빵	www.podbbang.com 국내 최대 오디오 콘텐츠 플랫폼. 오디오북, 강연, 팟캐스트 등 영상 없이 소리만으로 승부를 본다.
아프리카TV	www.afreecatv.com 국내 최대 스트리밍 1인 미디어 플랫폼. 전문 장비 없이 언제 어디서나 실시간 생방송을 할 수 있다.

2 1인 출판에도 유용한 글 기반 서비스

블로그를 넘어 출판 서비스와 연계된 서비스가 부쩍 늘었습니다. 선발주자는 트위터를 만든 에번 윌리엄스가 만든 소통형 글쓰기 플랫폼 미디어입니다. 이를 벤치마킹한 한국형 서비스로는 브런치가 있습니다.

이런 출판연계형 SNS는 블로그보다 더 고품질 콘텐츠를 제공합니다. 저자가 되려면 심사를 통과해야 하는 서비스도 많습니다. 특히 텀블벅은 크라우드 펀딩으로 출간 자금을 모금할 수 있어 1인 출판에 상당히 유용합니다. 2018년에만 텀블벅 크라우딩 펀딩으로 탄생한 신간이 700권이라고 하니 실로 자가 출판의 희망이라고 할 수 있습니다. 2019년 5월까지 1,900건이나 된다고 합니다.

글 기반 서비스는 다음과 같습니다.

▶ 홍보에 유용한 글 기반 서비스

명칭	소개
미디엄	**medium.com** '트위터'를 만든 에번 윌리엄스가 만든 소통형 글쓰기 플랫폼. 저자가 쓴 글을 다른 저자에게 검토를 요청해 피드백을 받을 수 있다. 독자도 저자에게 피드백을 한다. 잡지 기능을 제공한다.
스팀잇	**steemit.com** 고급 콘텐츠 생산자들과 큐레이터들에게 블록체인으로 보상하는 소셜 네트워크. 글을 올려 받은 좋아요(Upvote)에 따라 스팀 파워 또는 스팀 달러로 보상을 준다.
브런치	**brunch.co.kr** '글이 작품이 되는 공간'이라는 슬로건으로 서비스하는 콘텐츠 퍼블리싱 플랫폼. 미디엄을 벤치마킹했다. 포트폴리오를 제출해 심사를 통과해야 글을 쓸 수 있는 작가가 된다. 좋은 콘텐츠를 발굴해 출판사에서 출간할 수 있도록 돕는다. 같은 주제 글을 모아 발행하는 매거진(온라인 잡지) 서비스도 제공한다.
퍼블리	**publy.co** 저자의 경험을 크라우드 펀딩으로 글로 만들어 제공하는 콘텐츠 플랫폼. 심사를 거쳐 저자로 등록되면 퍼블리와 함께 콘텐츠를 기획하고 프로젝트를 진행한다. 2019년 6월 현재 저자는 166명이다. 저자의 콘텐츠 수익은 30% 정도다.
이슈닷컴	**issuu.com** 디지털 출판 플랫폼. 잡지, 단행본의 PDF를 업로드하여 퍼블리싱한다. 무료 계정은 무료로 보기만 제공되고, 다운로드 등은 유료 계정에서만 가능하다. 외국어만 지원한다. 저자 콘텐츠 수익이 70%에 이른다.
네이버 포스트	**m.post.naver.com** 모바일형 블로그 서비스. 네이버 포스트 메인 폼에서 카테고리별로 콘텐츠를 볼 수 있다. 기존 블로그보다 전문성을 더 강조한 플랫폼이다.
텀블벅	**tumblbug.com** 크라우드 펀딩 플랫폼. 도서를 자가 출판하거나 사전 홍보할 때 유용하다. 목표 금액을 달성해야 펀딩 금액이 지급된다.
어비북스	**uhbeebooks.com** 오타쿠를 위한 출판사. 소수 전문가(오타쿠)만을 위해서 책을 출간하는 출판사다. 독자층이 적어도 전문 분야를 다루면, 책으로 만든다. 뇌를 말랑거리게 하는 방법이 있다면, 책으로 만든다. 독자가 적은 주제라면 문을 두드려보기 바란다!

❸ '이미지+글' 기반 서비스

인스타그램은 이미지 위주의 SNS입니다. 슬라이드세어는 슬라이드를, 1boon은 카드 뉴스를 기본 콘텐츠 형태로 합니다.

인스타그램에서 예쁜 사진을 보는 재미가 쏠쏠합니다. 패션이나 요리 사진을 공개하고 싶다면 인스타그램이 좋은 선택입니다. 강연 자료를 공개한다면 슬라이드세어가 적합합니다. 스낵 컬처로 대표되는 카드 뉴스 형태는 1boon이 적합합니다.

각 서비스의 상세 내용은 다음과 같습니다.

▶ **홍보에 유용한 '이미지+글' 기반 서비스**

명칭	소개
슬라이드세어	**www.slideshare.net** 슬라이드 호스팅 서비스. 파워포인트, PDF 등으로 작성한 슬라이드 형식 콘텐츠를 업로드할 수 있다. 콘퍼런스 강연 자료를 올리는 0순위 플랫폼이다.
인스타그램	**www.instagram.com** 온라인 사진 공유 SNS 서비스. 인스타그램에서 제공하는 디지털 필터를 적용한 사진을 페이스북이나 트위터에 공유할 수 있다.
1boon	**1boon.kakao.com/** 카카오가 제공하는 모바일 스낵 컬처 소비형 콘텐츠 서비스. 1분 내외 짧은 콘텐츠를 카드 뉴스 형식으로 제공한다.

마치며

지금까지 책을 쓰고 출간 이후 관리하는 방법을 알아봤습니다. 간단히 요약하고 마치겠습니다.

| 홍보와 마케팅 활용 요약 |

출판사의 마케팅/홍보

- 오프라인 매장 유/무료 매대 진열 등
- 온라인 서점 유/무료 홍보 확보 등
- 온라인 : 네이버 포스트, 페이스북(유무료 광고), 이슈닷컴(맛보기 전자책), 유튜브 동영상, 슬라이드셰어, 카드 뉴스 제작, 출판사 홈페이지/eDM
- 리더스 및 리딩
- 티켓파워가 있는 단체/개인에게 증정

저자 (혹은 저자와 협력한) 마케팅 홍보

- 주제 관련 온라인(페이스북 그룹, 커뮤니티, 블로그) 활동
- 주제 관련 오프라인 강연
- 유튜브 무료 동영상 강좌
- 슬라이드셰어 문서 작성
- 지인 입소문
- 티켓파워가 있는 추천사&베타 리뷰어 평

이 정도 노력을 했다면 정녕 대단한 인내력과 의지력을 갖춘 좋은 저자가 틀림없습니다. 모두 불태웠으니, 이제 조금 쉬었다 가도 좋습니다.

"후훗! 불태웠어! 모두 하얗게."

아참! 저자라면 저작권법을 알아야 합니다. 끝날 때까지 끝난 게 아닙니다!

9장

저작권법 제대로 알기

"저자가 저작권까지 알아야 하는 이유가 있을까요?"

"있습니다!" 책을 출간하고 나서 타인의 저작권을 침해해 발생하는 모든 책임은 저자에게 있습니다. 심지어 출판사가 입는 손해도 배상해야 합니다. 그래서 '출판사가 알아서 해주겠지, 난 몰라도 돼'라고 손 놓고 있는 건 좋은 방안이 아니죠. 심지어 출판사 편집자도 저작권을 잘 모르거든요!

저작권은 저작권법으로 보호합니다. 저작권을 보호하지 않으면 창작자는 먹고 살 길이 망막하겠죠? 그래서 저작권법은 1조에 다음과 같이 취지를 밝히고 있습니다.

> 제1조(목적) 이 법은 저작자의 권리와 이에 인접하는 권리를 보호하고 저작물의 공정한 이용을 도모함으로써 문화 및 관련 산업의 향상 발전에 이바지함을 목적으로 한다.

법조인이 아니므로 자의적인 해석보다는 법과 판례를 보여주는 것에 집중하겠습니다. 다루는 내용은 다음과 같습니다.

1   저작권과 저작물

2   책을 쓰면 생기는 권리

3   저작인격권

4   저작재산권

5   출판권은 무엇인가?

6   인용은 어디까지 가능한가?

7   이미지/사진 사용

8   저작권 유효 기간

9   저작권 침해 배상

저작권과 저작물

저작권법은 무려 142조까지 있으니까 전문을 읽기가 쉽지 않습니다. 저작권법 전문은 국가법령정보센터에서 확인할 수 있습니다.

- www.law.go.kr/법령/저작권법

저작권법은 책뿐만 아니라 모든 저작물을 대상으로 합니다. 법령이 방대하므로 책(출판)과 관련된 사항만 살펴보겠습니다.

법령 전체보다는 한국저작권위원회에서 발행한 『출판과 저작권』이 오히려 더 읽기 편할 겁니다.

- 『출판과 저작권』: bitly.kr/Uji63

서두에 저작물과 저작권이 무엇인지 알아보았는데요, 정작 저작권법에는 저작권에 대한 정의가 없습니다. 대신 저작물과 저작자를 다음과 같이 명시했습니다.

- 2조 1항. '저작물'은 인간의 사상 또는 감정을 표현한 창작물을 말한다.
- 2조 2항. '저작자'는 저작물을 창작한 자를 말한다.

당연히 저작물의 저작자가 저작권을 갖겠죠? 따라서 저작권은 사람의 생각이나 감정을 표현한 결과물에 주어지는 권리입니다. 꾀꼬리가 부르는 노래에는 저작권이 없다는 이야깁니다. 사람의 감정을 표현한 게 아니니까요. 또한 단순한 사실이나 일상 표현에도 저작권이 없습니다. 예를 들어 단순히 오늘의 날씨를 적은 글이나, "안녕하세요? 식사하셨죠?" 같은 표현은 저작물로 보지 않습니다.

■1 보호받는 저작물

저작권법 4조는 저작물을 다음과 같이 예시하고 있습니다.

> 제4조(저작물의 예시 등) ① 이 법에서 말하는 저작물을 예시하면 다음과 같다.
>
> 1 소설·시·논문·강연·연설·각본 그 밖의 어문저작물
>
> 2 음악저작물
>
> 3 연극 및 무용·무언극 그 밖의 연극저작물
>
> 4 회화·서예·조각·판화·공예·응용미술저작물 그 밖의 미술저작물
>
> 5 건축물·건축을 위한 모형 및 설계도서 그 밖의 건축저작물
>
> 6 사진저작물(이와 유사한 방법으로 제작된 것을 포함한다)
>
> 7 영상저작물
>
> 8 지도·도표·설계도·약도·모형 그 밖의 도형저작물
>
> 9 컴퓨터 프로그램 저작물

저작물이 아닌 게 없을 정도로 뭐든지 다 저작물로 인정하는 것 같은 느낌이 듭니다. 다 외우기는 힘드니까 저작물 정의를 떠올려 상식선에서 생각하면 됩니다.

예를 들어 작가라고 부르는 사람이 만든 결과물은 죄다 저작물에 해당합니다. 사진작가, 화가(그림 작가), 작곡가/작사가/편곡가(편곡 작가). 시인/소설가, 도예가 등 예술 분야를 떠올리면 쉽습니다.

꼭 예술 분야만 보호하는 것은 아니죠. 인터넷 댓글도 창작성이 있다면 저작권

이 인정된다고 합니다. 다만 댓글 저작권 관련 분쟁 판례는 아직 없다고 하네요. 초등학생이 쓴 글이라도 창작성이 있으면 저작물로 인정받습니다. 저작물인 것과 아닌 것을 구분할 줄 알아야 책을 쓸 수 있습니다. 책을 쓰다 보면 불가피하게 그림이든 글이든 인용하게 되니까요. 무엇이 저작물인지 알아봤으니 저작물이 아닌 것도 알아보죠.

2 보호받지 못하는 저작물

법령에서는 '보호받지 못하는 저작물'을 예시를 들고 있습니다(그러고 보니 제4조에서 '저작물 예시'는 '보호받는 저작물'이라고 해야 맞군요).

> 제7조(보호받지 못하는 저작물) 다음 각 호의 어느 하나에 해당하는 것은 이 법에 의한 보호를 받지 못한다.
>
> 1 헌법·법률·조약·명령·조례 및 규칙
> 2 국가 또는 지방자치단체의 고시·공고·훈령 그 밖에 이와 유사한 것
> 3 법원의 판결·결정·명령 및 심판이나 행정심판절차 그 밖에 이와 유사한 절차에 의한 의결·결정 등
> 4 국가 또는 지방자치단체가 작성한 것으로서 제1호 내지 제3호에 규정된 것의 편집물 또는 번역물
> 5 사실의 전달에 불과한 시사보도

제가 지금 열심히 법령을 복사해서 붙여 넣고 있습니다. 법령 전체를 갖다 붙여도 전혀 저작권 침해가 아닙니다. 공공 단체에서 만든 헌법/법률/훈령/판결문은 보호받지 못하는 저작물입니다. 암기할 필요 없이 상식선에서 생각하면 됩니다. 법을 옮겨 적었다고 위법이면 어떻게 법을 알고 지키겠습니까(그렇지만 법만 쭉 나열하면 이 책을 살 사람이 아무도 없겠죠)?

또한 단순 사실을 전달한 시사보도 역시 생각과 감정을 표현한 것이 아니므로 보호받는 저작물이 아닙니다. 참고로 언론사에 소속된 기자가 쓴 기사의 저작권은 일반적으로 언론사에 귀속됩니다. 그런데 단순 시사보도는 저작물로 보호받지 못하죠. 다만 불펌 조항을 명시한 기사는 당연히 펌 하면 안 됩니다.

9.2

책을 쓰면 생기는 권리

무방식주의를 따르는 국내 저작권 원칙에 따라 저작물을 만들면 아무것도 하지 않아도 저작권이 생깁니다. 저작권은 크게 저작인격권과 저작재산권으로 나뉩니다. 저작인격권은 양도를 할 수 없지만, 저작재산권은 양도할 수 있습니다.

저작인격권은 누가 만들었냐가 핵심이고 저작재산권은 누가 수익을 가져가느냐가 핵심입니다. 누가 만들었냐는 절대로 바뀔 일이 없죠? 하지만 계약하면 수익을 양도 혹은 공유할 수 있습니다.

▶ 저작권 핵심 쟁점

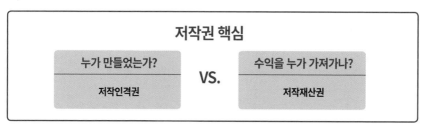

저작인격권과 저적재산권은 다음과 같이 세부 항목을 갖습니다.

▶ 저작인격권과 저작재산권 세부 항목

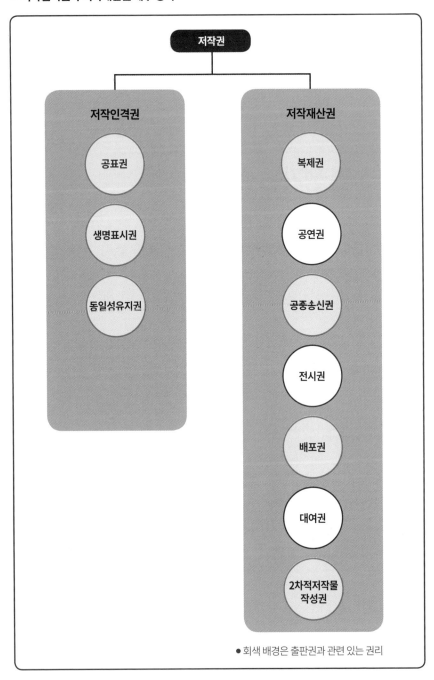

저작권

저작인격권
- 공표권
- 생명표시권
- 동일성유지권

저작재산권
- 복제권
- 공연권
- 공중송신권
- 전시권
- 배포권
- 대여권
- 2차적저작물 작성권

● 회색 배경은 출판권과 관련 있는 권리

저작인격권

저작인격권은 성명표시권, 공표권, 동일성유지권으로 구성됩니다.

- 성명표시권 : 만든 사람 이름을 꼭 표기할 것
- 공표권 : 저작물을 공개할 권리
- 동일성유지권 : 원작을 훼손하지 않고 만든 작품 그대로 유지될 권리

책에 저작인격권이 어떻게 적용될까요?

성명표시권을 준수하려면 표지와 판권에 저자 이름을 적어야 합니다. 저작권자가 원하면 별명이나 필명은 가능하지만, 전혀 다른 사람을 허위로 적으면 안 됩니다. 허위로 적으면 1년 이하 징역 또는 1천만 원 이하 벌금에 처합니다.

제137조(벌칙) ① 다음 각 호의 어느 하나에 해당하는 자는 1년 이하의 징역 또는 1천만 원 이하의 벌금에 처한다. 〈개정 2009. 4. 22., 2011. 12. 2.〉

1 저작자 아닌 자를 저작자로 하여 실명·이명을 표시하여 저작물을 공표한 자
2 실연자 아닌 자를 실연자로 하여 실명·이명을 표시하여 실연을 공연 또는 공중송신하거나 복제물을 배포한 자

공표권은 이미 공표하고 나면 그 순간 사라집니다. 출간 일정은 저자와 협의해 결정하게 되는데, 출판 계약을 하면 공표권이 출판사에 넘어간 것으로 간주합니다. 공표권 침해는 저작권자의 의사에 반해 (혹은 모르게) 공표하는 행위입니다. 친구 집에 놀러 갔다가 벽에 걸린 미 발표 시를 사진으로 찍어, 인터넷에 공개하면 저작권자의 공표권을 침해한 겁니다.

집필 완료 시점에서 9개월 이내에 출간이 기본인데, 특별한 이유 없이 출간하지 않으면 저자는 계약 해지를 요구할 수 있습니다.

제58조(배타적발행권자의 의무) ① 배타적발행권자는 그 설정행위에 특약이 없는 때에는 배타적발행권의 목적인 저작물을 복제하기 위하여 필요한 원고 또는 이에 상당하는 물건을 받은 날부터 9월 이내에 이를 발행 등의 방법으로 이용하여야 한다.

저자의 글을 함부로 수정하면 안 됩니다. 이때 단순한 교정/교열/윤문은 훼손하는 게 아닙니다. 원고를 교열/교열/윤문 없이 출간되는 책은 없습니다. 교정/교열/윤문의 정도를 자로 잰 듯 측정할 수 있는 것은 아닙니다. 따라서 더 좋은 책을 만든다는 가치를 공유하고 저자와 출판사 간 원만하게 협의하여 진행하면 됩니다.

제58조의2(저작물의 수정증감) ① 배타적발행권자가 배타적발행권의 목적인 저작물을 발행 등의 방법으로 다시 이용하는 경우에 저작자는 정당한 범위 안에서 그 저작물의 내용을 수정하거나 증감할 수 있다. 〈개정 2011. 12. 2.〉

또한 2차적 저작물을 제작하면서 변형/가공을 진행하는 행위는 동일성유지권에 위배되지 않습니다. 2차적 저작물 제작 권한을 출판사에 주었을 때, 성인 버전 삼국지 소설이 1차적 저작물이고 2차적 저작물로 어린이 삼국지를 만든다고 합시다. 상당 부분 동일성이 훼손될 겁니다. 그래도 법적으로 문제가 없다는 거죠. 다만 2차적 저작물을 만들 때는 저작권자의 사전 허락을 얻어야 합니다. 저작권자가 어린이 삼국지를 만드는 데 동의했다면 출판사는 열심히 만들면 되겠죠. 원활한 관계 유지와 품질 관리 차원에서 저자의 감수나 공동 제작을 고려할 수 있습니다.

저작재산권

저작재산권은 복제권, 공연권, 공중송신권, 전시권, 배포권, 대여권, 2차적 저작물 작성권으로 구성됩니다.

- 복제권 : 저작자는 그의 저작물을 복제할 권리를 가진다.
- 공연권 : 저작자는 그의 저작물을 공연할 권리를 가진다.
- 공중송신권 : 저작자는 그의 저작물을 공중송신할 권리를 가진다.
- 전시권 : 저작자는 미술저작물 등의 원본이나 그 복제물을 전시할 권리를 가진다.
- 배포권 : 저작자는 저작물의 원본이나 그 복제물을 배포할 권리를 가진다. 다만, 저작물의 원본이나 그 복제물이 해당 저작재산권자의 허락을 받아 판매 등의 방법으로 거래에 제공된 경우에는 그러하지 아니하다. 〈개정 2009. 4. 22.〉
- 대여권 : 제20조 단서에도 불구하고 저작자는 상업적 목적으로 공표된 음반(이하 "상업용 음반"이라 한다)이나 상업적 목적으로 공표된 프로그램을 영리를 목적으로 대여할 권리를 가진다. 〈개정 2009. 4. 22., 2016. 3. 22.〉
- 2차적 저작물 작성권 : 저작자는 그의 저작물을 원저작물로 하는 2차적 저작물을 작성하여 이용할 권리를 가진다.

복제권, 공중송신권, 배포권, 2차적 저작물 작성권은 출판과 관련이 있으므로 알아둬야 합니다. 특히 복제권과 배포권은 기본 출판권입니다. 공중송신권은 선택적 필수 사항이고, 2차적 저작물 작성권은 선택 사항으로 볼 수 있습니다.

1 복제권, 배포권

복제권이 영어로 copyright인 건 다 아시죠? 복제(copy) 권한(right)으로 직역할 수 있습니다. 책을 딱 한 권만 만들 게 아니니까 당연히 출판사에 복제권이 있어야 합니다. 출판사는 복제권을 갖는 대신에 저자에게 복제 사실을 통보해야 합니다.

> 제58조의2(저작물의 수정증감) ② 배타적발행권자는 배타적발행권의 목적
> 인 저작물을 발행 등의 방법으로 다시 이용하고자 하는 경우에 특약이 없는
> 때에는 그때마다 미리 저작자에게 그 사실을 알려야 한다.

말이 좀 어려운데 출판에 맞게 쉽게 써보겠습니다.

'출판사는 특약이 없으면 중쇄할 때마다 미리 저자에게 그 사실을 알려야 한다.'

사전에 허락을 받는 것은 아닙니다. 복제권을 출판사에 주었으므로 승낙을 받는 게 아니라 알려드리는 걸로 족합니다. 여기서 문제입니다. '그럼 출판사가 사전 통보의 의무를 저버렸을 때 저자는 어떤 제재를 할 수 있을까요?' 아직 해당 판례가 없네요. 이 정도는 고소 고발 건이 되지 않는 것 같습니다. 현실적으로 출판사에 제때 알려달라고 말하는 수밖에 없는 것 같아요.

복제한 책을 배포할 권리가 없으면 출판 수익을 얻지 못하죠. 창고에 책을 쌓아 둔다고 수익이 오르는 건 아니니까요. 출판사에 배포권이 있으므로 교보문고, 예스24 등 어디든 원하면 배포할 수 있습니다. 저작권자의 사전 허락이 필요 없다는 거죠. 배포권은 어렵지 않으니 그만 설명할게요.

❷ 공중전송권

한미 FTA를 진행하면서 추가된 조항으로 출판에서 공중전송권은 (범) 전자책 조항입니다. '배타적발행권의 설정'에는 '출판권을 제외한다'는 내용이 있습니다. 복제·전송 규정인 '배타적발행권의 설정'에서 제외되었으니 다른 조항, 즉 공중전송권으로 전자책의 복제·전송을 규정한 겁니다. 이퍼브EPUB, electronic publication, PDF, 특정 애플리케이션(장치)에 종속된 앱북 등이 전자책에 해당됩니다.

> 제57조(배타적발행권의 설정) ① 저작물을 발행하거나 복제·전송(이하 "발행 등"이라 한다)할 권리를 가진 자는 그 저작물을 발행 등에 이용하고자 하는 자에 대하여 배타적 권리(이하 "배타적발행권"이라 하며, 제63조에 따른 출판권은 제외한다. 이하 같다)를 설정할 수 있다. 〈개정 2011. 12. 2.〉

이퍼브는 국제디지털출판포럼IDPF, International Digital Publishing Forum에서 제정한 개방형 자유 전자서적 표준입니다. 최신 버전은 2011년 제정한 epub 3.0입니다. 웹 페이지와 비슷한 형식으로 해상도에 반응해 다양한 단말에 쉽게 대응할 수 있습니다. PDF는 어도비시스템에서 개발한 전자 문서 형식입니다. 크레마, 아마존 킨들은 전자책 전용 디바이스입니다. 구글 북스와 애플 앱스토어는 전자책을 유통하는 애플리케이션입니다. 이미 다들 이용을 해보셨을 테니 더 자세한 설명을 생략합니다.

자세한 사항은 다음 링크를 참조하세요.

- 『출판사를 위한 전자책 길잡이』: bit.ly/2MBTQaf
- EPUB : ko.wikipedia.org/wiki/EPUB
- PDF : ko.wikipedia.org/wiki/PDF

③ 2차적 저작물 작성권

책이 1차적 저작물이니, 파생되는 저작물은 2차적 저작물입니다. 스미노 요루 저, 『너의 췌장을 먹고 싶어』(소미미디어, 2017)는 소설 원작을 만화, 영화, 만화책으로 만들었습니다. 소설 원작은 1차적 저작물이고, 만화, 영화, 만화책은 2차적 저작물입니다. 인형이나, 다양한 캐릭터 상품도 2차적 저작물입니다.

2차적 저작물 작성권이 출판사에 있다면 영화 등을 만들 때 그 로열티를 저자와 출판사가 나눠 가질 겁니다. 그렇지 않다면 저자가 모두 가지겠죠. 전문 작가가 아니면 현실적으로 원고를 출판사와 협업해 만들고, 저자와 출판사가 함께 책을 마케팅하므로 서로 이익을 나눠 갖는 것이 딱히 이상하지 않습니다.

그렇다고 2차적 저작물 작성권을 출판사에 모조리 주면 안 됩니다. 저작물의 허용 여부를 저작권자가 갖고 구체적인 실행은 출판사에서 진행하는 방법이 적합합니다. 2차적 저작물에서 발생한 수익 분배는 누가 해당 건을 성사시켰냐에 따라 비율을 따로 정할 수 있고, 경우에 따라 협의해 결정할 수도 있습니다. 물론 책이 원천 자료가 아니라면 다를 수 있습니다(즉 책이 2차적 저작물인 경우). 기본적으로 해외 판권 판매 관련 2차적 저작권은 출판사에 줍니다. 누구의 노력으로 판권이 팔렸는지에 따라 분배 비율을 달리 잡을 수 있습니다.

2차적 저작물 작성권을 출판사와 공유하는 것은 무리가 있는데? 난 강사인데, 책 기반으로 만든 강의 동영상도 수익을 나눠야 하나?라는 생각이 드실 수도 있습니다. 강사가 책을 냈다고 강의료나 동영상 촬영하여 얻은 수익을 출판사와 나

뭐야 한다면 부당하다는 생각이 들 겁니다. 이럴 때는 '저자가 직접 진행하는 강의 및 제작한 동영상 강의 수익은 2차적 저작물에 해당하지 않는다'는 내용으로 특약을 걸어두면 됩니다. 물론 해당 강의를 출판사에서 제작한다면 다른 이야기가 되겠죠?

9.5

출판권은 무엇인가?

복제권, 배포권, 공중 전송권, 2차적 저작물 작성권이 출판권과 관련이 있습니다.

엄밀히 말해 출판권은 복제권과 배포권뿐입니다. 제63조(출판권의 설정) ①항에 '저작물을 복제 · 배포할 권리'로 명시되어 있습니다. 다만 현실적으로 전자책은 종이책의 파생이므로 공중전송권도 같이 설정하는 것이 관례입니다. 2차적 저작물 작성권 역시 마찬가지로 부차적으로 엮인 권한으로 보면 됩니다.

출판권에서 배타적 발행권은 좀 희한합니다. 완전한(?) 배타적 발행권이 없습니다. 저자와 계약으로 배타적 발행권이 발생하지 않습니다. 출판권 설정 등록 기관에 출판권을 설정해야만 생깁니다. 출판권 설정 등록을 하지 않으면 한 원고로 출판사 여러 곳과 출판 계약을 해도 된다는 말입니다.

따라서 출판사가 독점적 출판권을 얻으려면 저자와 계약하고 저작권 위원회에 저작권 설정 등록을 해둬야 합니다.

- 저작권위원회 : www.copyright.or.kr/main.do

설정에는 비용이 들고, 시간도 듭니다. 그래도 독점적 지위를 얻으려면 어쩔 수 없습니다. 법은 누가 먼저 저작재산권을 양도받았느냐로 판단하지 않습니다. 한국저작권위원회에 저작권 설정을 누가 먼저 했나로 판단합니다.

▶ **실행 등록 권리 관계**

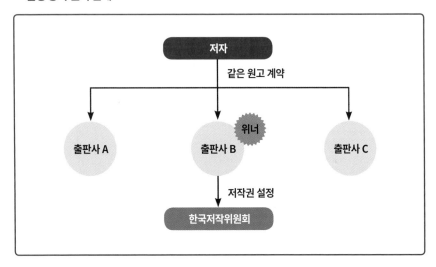

그림에서 출판사 A, B, C 모두는 저작자와 같은 원고로 계약을 진행했습니다. 그 중 출판사 B만 저작권 등록을 진행했다고 합시다. 출판사 B는 나머지 출판사에 발행 중지 및 배상을 요구할 권한이 있습니다. 출판권 설정 등록을 한 출판사가 무조건 법에서 우위에 있습니다.

출판사 B의 시정 요청을 듣지 않으면 엄청난 철퇴를 맞게 될 겁니다! 출판사가 한국저작권위원회에 출판권 등록을 하려면 반드시 인감도장으로 서명을 받아야 합니다. 물론 인감증명서도 필요합니다.

이렇게 출판권 설정 등록을 하면 추정력, 대항력, 법적 손해배상 청구 권한을 갖게 됩니다.

- 추정력 : 저작자로 등록된 자를 저작자로 추정하는 원칙입니다. 저작권 침해 분쟁 시 입증 책임 상대방에게 전가됩니다.
- 대항력 : 이중 양도 혹은 출판권 설정이 발생할 때 제3자에 대하여 대항이 가능합니다.
- 법정손해배상 청구 요건 : 저작물당 1천만 원 이하(영리목적으로 고의 침해한 경우 5천만 원 이하)의 손해배상을 청구할 수 있습니다.

저자가 신의를 지켜 한 출판사와 저작재산권을 설정했다고 합시다. 그러면 한국 저작위원회에 출판권 설정 등록을 하지 않아도, 해당 출판사는 저작재산권을 위임받지 못한 제3자에게 출판권을 행사할 수 있습니다. 이중 계약은 사회 통념상 부정적인 견해가 있으니 저자 스스로 지양하는 것이 좋겠습니다.

배타적 발행권 관련 더 깊은 내용은 문화체육관광부에서 제공하는 글을 참고하기 바랍니다.

- 문화체육관광부 참고 글 :
  www.mcst.go.kr/kor/s_policy/copyright/question/question13.jsp

1 출판권의 정체

출판권은 저자가 출판사에 '내 책을 출판하세요'라고 주는 권리입니다. 계약서를 작성해야 비로소 출판사에게 출판권이 생깁니다.

책은 3년 계약이 기본이고, 영상화하려고 배타적 발행권을 설정하는 경우 5년을 기본으로 합니다.

영화를 제작하든 안 하든 보통 5년을 기본으로 계약한다고 보면 됩니다. 해외 번역 판권을 따올 때도 5년이 기본입니다. 3년은 마케팅하고 손익 이상의 수익을 내는 데 충분한 기간이 아닙니다. 5년은 적절하고, 3년은 짧고, 7년은 긴 편이라고 보면 됩니다. 계약 기간 만료 이전에도 서로 합의하면 계약 해지가 가능합니다.

개정판을 출간할 때는 가능하면 기존 출판사와 우선 협상하는 게 상도입니다. 물론 강제 사항은 아닙니다. 출판사가 열심히 책을 팔고 있는데 1년 만에 다른 출판사와 개정판을 출판하면, 분쟁의 소지가 있습니다. 법적으로 문제가 없다고 승소하더라도 윤리적인 문제가 있죠.

2 all rights reserved와 ©

©는 북미권 국가가 세계저작권협약UCC에 의해 저작권을 보호받고자 사용한 표

시입니다. 저작재산권자 성명과 최초 발행 연도, 그리고 ⓒ를 표시하면저작권을 보호해줍니다(동협약 제3조제1항).

우리나라가 따르는 베른 협약의 무방식주의는 저작물을 창작하면 저작권이 자동으로 발생합니다. 베른 협약은 미국과 중남미 각국 사이에 체결된 부에노스 아이레스 협약에서 기원한 겁니다. 따라서 저작권과 판권 페이지 저작권 표시와는 하등의 관계가 없습니다. 흔히 판권에 모든 권리를 가지고 있다는 표시로 all rights reserved와 ⓒ를 사용하는데, 저작권을 침해하지 말라는 경고의 의미로 사용하는 것뿐입니다.

9.6

인용은 어디까지 가능한가?

책에 있는 모든 내용을 온전히 서자의 머리에서 뽑아내는 것은 현실적으로 불가능합니다. 누군가 만든 이론과 주장과 그림 등을 참조하거나 인용하게 됩니다. 그렇지 않으면 밑도 끝도 없이 저자 혼자 던지는 나 혼자 논리가 되니까요.

인용할 때마다 저작자에게 허락을 받는다면 책 쓰기보다 허락받는 데 시간이 더 오래 걸립니다. 그런 상황에서 책을 쓸 사람은 없겠죠. 그래서 저작권법은 '공표된 저작물의 인용'과 '시사적인 기사 및 논설의 복제 등'으로 인용을 규정합니다. 또한 저작재산권 제한 규정을 둡니다.

법으로 정한 일반 저작물의 저작재산권 제한 경우는 다음과 같습니다.

▶ 저작재산권을 제한하는 경우

조항	내용
제23조	재판 절차 등에서의 복제
제24조	정치적 연설 등의 이용
제24조의 2항	공공저작물의 자유 이용
제25조	학교 교육 목적 등에의 이용
제26조	시사 보도를 위한 이용
제27조	시사적인 기사 및 논설의 복제 등
제28조	공표된 저작물의 인용
제29조	영리를 목적으로 하지 아니하는 공연 · 방송
제30조	사적 이용을 위한 복제
제31조	도서관 등에서의 복제 등
제33조	시각장애인 등을 위한 복제 등
제33조의 2항	청각장애인 등을 위한 복세 등
제34조	방송사업자의 일시적 녹음 · 녹화
제35조	미술저작물 등의 전시 또는 복제
제35조의 2항	저작물 이용 과정에서의 일시적 복제
제36조	번역 등에 의한 이용

1 공표된 저작물의 인용

'공표된 저작물의 인용' 법률 전문을 살펴보겠습니다.

> 제28조(공표된 저작물의 인용) 공표된 저작물은 보도 · 비평 · 교육 · 연구 등을 위하여는 정당한 범위 안에서 공정한 관행에 합치되게 이를 인용할 수 있다.

책은 기본적으로 교육, 연구 목적을 가진다고 해석됩니다. 따라서 '정당한 범위

안에서 공정한 관행에 합치되게' 인용할 수 있습니다. 그러면 '정당한 범위'와 공
정한 관행'은 무엇일까요?

'정당한 범위'란 인용 대상을 전부 혹은 일부 사용했냐보다는 인용저작물에 대
하여 부종적 성질이냐에 대한 판단입니다. 주와 부가 바뀌면 안 된다는 겁니다.
인용한 문구가 전체 원고의 10%를 넘는지 아닌지처럼 단순 수치로 판단하기는
어렵습니다. 판례를 하나 보겠습니다.

손해배상
[서울남부지법 2008. 6. 5., 선고, 2007가합18479, 판결 : 확정]

【판시사항】

방송사의 오락프로그램에서 저작권자의 허락 없이 무단으로 영화의 일부 장면
을 약 3분간 인용하여 방송한 사안에서, 그 목적이 시청자들에게 정보와 재미를
주기 위한 것이라고 하더라도 그 이용의 성격은 상업적 · 영리적인 점 등에 비추
어 구 저작권법 제28조에 정한 공정이용에 해당하지 않는다고 본 사례

【판결요지】

방송사의 오락프로그램에서 저작권자의 허락 없이 무단으로 영화의 일부 장면
을 약 3분간 인용하여 방송한 사안에서, 그 목적이 시청자들에게 정보와 재미를
주기 위한 것이라고 하더라도 그 이용의 성격은 상업적 · 영리적인 점 등에 비추
어 구 저작권법(2008. 2. 29. 법률 제8852호로 개정되기 전의 것) 제28조에 정한
공정이용에 해당하지 않는다고 본 사례.

【참조조문】

구 저작권법(2008. 2. 29. 법률 제8852호로 개정되기 전의 것) 제28조

요약하면 '방송사라고 해도 3분간 영화 요약분을 방송한 건 저작권 침해다'라는 판례입니다.

출판 판례를 찾으려 했는데, 못 찾았습니다. 출판은 사실 저작권 침해보다는 표절 시비가 더 많은 곳입니다. 표절에 대한 명확한 규정이 있는 것도 아니라서 건별로 법정에서 가려야 합니다. 신경숙 작가 경우에 저작권자와 번역가(김후란)가 고소하지 않아서 업무 방해와 사기로 고발되었고, 검찰은 "표절이 사실이라 하더라도 작품 몇 줄을 베낀 것만으로 출판사의 업무를 방해하고 인세를 편취했다고 보기는 어렵다"는 결론을 내렸습니다. 한마디로 저작권 침해가 아닌 것으로 법리를 정리한 거죠.

판례를 찾아보면 '출판 대 출판' 저작권 침해보다는, '출판 대 영상물/공연물' 저작권 침해가 더 많습니다. 출판권 소송은 보통 인세를 속이거나, 매절 계약을 했는데 대박이 났으니 매절 계약 원천 무효 소송이 주죠. 조심스런 추측으로, 대박이 나지 않으면 책만으로는 소송해도 별로 얻을 게 없으니 포기하든가, 아니면 소에 들어가기 전에 합의하는 게 아닌가 합니다(출판 대 출판 저작권 침해 판례를 아시면 제보 바랍니다).

② 저작권 Q&A

저작권 관련 궁금 사항을 Q&A 형식으로 알아보겠습니다.

Q 저작물 링크를 블로그에 달아뒀습니다.

A 링크는 저작권을 침해하지 않습니다(대법원 판례 2017다222757).

Q 음란물도 저작권이 있나요?

A 저작권 있어요(대법원 판례 2011도10872).

Q 아이디어도 저작권이 있나요?

A 저작권 없어요. 모두의 마블은 무죄 판결 났어요(대법원 판례 2018다
237138).

Q 회사에서 만든 제 결과물의 저작권은 퇴사 후 누구한테 있나요?

A 회사에 있습니다.

Q 용역으로 납품한 저작물은 누구한테 저작권이 있나요?

A 단순 용역이면 원청 업체에 있습니다. 저작권을 확실히 하고 싶다면 계약
서에 명시하세요.

③ 출처 명시 방법

'공정한 관행'은 흔히 말하는 출처 표기입니다. 37조에 출처 명시 규정이 있습니다.

제37조(출처의 명시) ① 이 관에 따라 저작물을 이용하는 자는 그 출처를 명시하
여야 한다. 다만, 제26조, 제29조부터 제32조까지, 제34조 및 제35조의2의 경우
에는 그러하지 아니하다. 〈개정 2011. 12. 2.〉

② 출처의 명시는 저작물의 이용 상황에 따라 합리적이라고 인정되는 방법으로
하여야 하며, 저작자의 실명 또는 이명이 표시된 저작물인 경우에는 그 실명 또
는 이명을 명시하여야 한다.

타인의 저작물을 이용하려면 합리적으로 인정되는 방법으로 출처를 명시하고, (일부) 지적 저작권 제한 규정에 해당하는 경우는 예외로 한다는 이야깁니다.

출처를 제대로 가장 잘 표기하는 문서는 논문입니다. 그렇다고 논문 규정대로 출처를 표기하라는 말은 아닙니다. 참고 삼아 논문 표기법을 살펴보겠습니다. 논문 표기법은 미국심리학회 형식, 미국현대어문학협회 형식, 시카고 형식, IEEE 형식, 밴쿠버 형식, 미국화학회 형식이 있습니다.

- 미국심리학회 형식 : www.apastyle.org
- 미국현대어문학협회 형식 : en.wikipedia.org/wiki/MLA_Style_Manual
- 시카고 형식 : www.chicagomanualofstyle.org/tools_citationguide.html
- IEEE 형식 : www.ieee.org/documents/ieeecitationref.pdf
- 밴쿠버 형식 : citation.sawoo.com/ref/guide/vancouver
- 미국화학회 형식 : pubs.acs.org/doi/pdf/10.1021/bk-2006-STYG.ch014

부산대학교 도서관에서 게시한 다음 글에서 각 형식을 간단히 우리말로 확인할 수 있습니다.

- lib.pusan.ac.kr/research/thesis-guide/guide-reference

논문에서 표기법이 다르듯 출판사마다 표기법이 다릅니다. 따라서 명확하게 출처를 보여주면 그걸로 충분합니다.

- 저자명, 제목(도시: 출판사, 출간년) 참조쪽번호

기형도 시인의 『입 속의 검은 잎』을 참조했다면 다음과 같이 표기하면 됩니다.

- 기형도, 입속의 검은 잎(서울: 문학과지성사, 2000) 2

혹은 다음과 같은 형식도 좋습니다.

- 기형도 저, 『입 속의 검은 잎』(문학과지성사, 2000)

인터넷에 실린 언론기관의 글은 어떻게 참조하면 될까요?

'일본 불매운동 3개월… 인스타 일본 브랜드 언급량 10분의1 토막'이라는 빅터뉴스 글이 있습니다.

> "일본 불매운동이 진행된 최근 3개월(7.1~9.30) 트위터·블로그·인스타그램 등 SNS에서 '일본 불매'에 대한 게시물은 총 121만1202건 수집됐다. 주간단위로 발생량을 살펴본 결과 첫 주인 7월 1주차에 6만1481건이 발생했는데, 꾸준히 증가세를 보이며 4주차에는 21만1555건으로 가장 고점을 기록했다. 이후 감소세로 돌아 가장 최근인 9월 4주차에는 1만9837건 발생해 7월 1주차에 비해 3분의1 수준으로 감소했다. 과연 불매운동이 용두사미로 끝난 것일까?" 출처:빅터뉴스

글 끝에 '출처 : 빅터뉴스'라고 적었습니다. '출처 : 정연수, '일본 불매운동 3개월… 인스타 일본 브랜드 언급량 10분의1 토막'(빅터뉴스, 2019)'라고 적으면 도서 참조 형식과 비슷해 통일감이 더 있어 보이겠네요. 너무 길다면 '출처 : 정연수(빅터뉴스, 2019)'라고 적어도 되겠네요. 출처 표기에 정답은 없습니다. 적절하다고 판단하는 수준으로 출판사 내규에 맞게 표기하세요.

이미지/사진 사용

인물 사진과 그 외 사진(이미지)으로 구분하겠습니다.

1 인물 사진을 사용하고 싶어요

초상권은 '촬영 · 작성 거절권', '공표거절권', '초상영리권'을 포함한다. 앞에 두 권리는 초상인격권, 마지막 권리는 퍼블리시티권과 관련이 있습니다.

초상권에 대한 명문법은 없습니다. 서울지법 남부지원 1997. 8. 7. 선고 97가합 8022 판결에서 인격권은 헌법 제10조에, 초상영리권은 민법 제750조 제1항에 근거하여 보장할 수 있다고 해석했습니다.

> "헌법 제10조가 "모든 국민은 인간으로서의 존엄과 가치를 가지며 행복을 추구할 권리를 가진다. 국가는 개인이 가지는 불가침의 기본적 인권을 확인하고 이를 보장할 의무를 진다."고 규정하고 있는 바, 여기서 국가가 보장하여야 할 인간으로서의 존엄과 가치는 생명권, 명예권, 성명권 등을 포괄하는 일반적 인격권을 의미하고, 이 일반적 인격권에는 개별적인 인격권으로서의 초상권이 포함된다고 보아야 하며, 한편, 민법 제750조 제1항이 "타인의 신체, 자유 또는 명예를 해하거나 기타 정신상의 고통을 가한 자는 재산 이외의 손해에 대하여도 배상할 책임이 있다."고 규정하고 있으므로 이러한 규정들이 초상권 인정의 근거가 될 수 있으며… (이하 생략)".

최근 TV를 보신 적이 있다면 뉴스에서 배경에 찍힌 사람들 얼굴을 흐리게 처리하는 걸 발견할 수 있을 겁니다. 초상권 문제 때문으로 해석할 수 있습니다. 앵글에 잡힌 모든 사람에게 촬영 허락을 얻고 공표권을 얻는 것보다 모두 얼굴을 흐리게 처리하는 비용이 더 적게 드니까요.

책을 쓰는 입장에서 위인이나 사회 저명인사 사진을 책에 쓰고 싶을 때가 있습니다. 원칙적으로 초상권자에게 허락을 받아야 합니다. 사진을 찍은 사람이 초상권자와 다르다면 사진 저작권을 가진 사진사에게 허락도 구해야 합니다. 초상권, 성명권, 프라이버시권과 관련이 있습니다.

> "퍼블리시티권Right of Publicity이란 사람이 그가 가진 성명, 초상이나 그 밖의 동일성identity을 상업적으로 이용하고 통제할 수 있는 배타적 권리를 말합니다."(서울동부지법 2006. 12. 21. 선고 2006가합6780 판결).

퍼블리시티권이 제한적으로 적용되는 부류가 있습니다. 바로 기업인이나 정치인 등입니다(서울지법 1995. 9. 27. 자 95카합3438 결정).

【판시사항】
공적 인물에 대한 초상권, 성명권, 프라이버시권 침해 여부의 판단 기준

【판결요지】
우리나라 국민들에게 많은 귀감이 될 수 있는 뛰어난 기업인으로서 이미 우리 사회의 공적 인물이 되었다고 볼 수 있는 경우 그 사람은 자신의 사진, 성명, 가족들의 생활상이 공표되는 것을 어느 정도 수인하여야 하고, 그 사람을 모델로 하여 쓰여진 평전의 표지 및 그 신문광고에 사진을 사용하거나 성명을 표기하는 것, 그 내용에 가족관계를 기재하는 것은 위 평전이 그 사람의 명예를 훼손시키는 내용이 아닌 한 허용되어야 한다.

반면 연예인처럼 얼굴이 곧 돈인 사람은 퍼블리시티권을 강력하게 보호받습니다. 일반인은 퍼블리시티권은 있으나 약하게 보호받죠. 저자 여러분 얼굴 사용했다고 판매가 폭발적으로 늘거나, 크게 수익에 타격을 받는 건 아닐 테니까요. 일반인도 촬영거절권, 공표거절권은 보호됩니다.

아직 퍼블리시티권 관련 대법원 판례가 없습니다. 추후 이런 결정은 대법원에 의해 다르게 판단될 수도 있습니다.

2 그 외 그림이나 사진은요?

사진 저작물로 인정을 받으려면 어떤 조건을 충족해야 하는지 판례를 하나 보겠습니다.

> "문학, 학술 또는 예술의 범위에 속하는 창작물이어야 하므로 그 요건으로서 창작성이 요구되는 바, 사진저작물은 피사체의 선정, 구도의 설정, 빛의 방향과 양의 조절, 카메라 각도의 설정, 셔터의 속도, 셔터찬스의 포착, 기타 촬영방법, 현상 및 인화 등의 과정에서 촬영자의 개성과 창조성이 인정되어야 저작권법에 의하여 보호되는 저작물에 해당된다."(대법원 2001. 5. 8. 선고 98다43366 판결)

단순 제품 사진이나, 누구나 찍어도 똑같은 다리, 건물 사진에는 저작물이 없다는 이야기입니다. 설령 창작성이 있었더라도 저작물로 인정할 정도로 있어야 하는데 위 판결은 통조림 햄을 충실히 담으려는 노력 이상의 창작으로 보지 않았습니다.

판례 하나가 모든 이미지를 저작물인지 아닌지 판단해주지는 못합니다. 사용할 타인의 사진이 저작물이냐 아니냐는 법원의 판단이 있어야 변호사도 검사도 모릅니다. 따라서 모든 사진은 저작자에게 허락을 얻어 사용해야 합니다. 그런 사진은 요즘 스마트폰에 카메라 성능도 좋으니 직접 찍어 사용하는 게 좋겠습니다.

그림이라면 소유자와 저작권자가 다를 수 있습니다. 화가 A가 그린 그림을 구매한 후 마음대로 퍼즐로 만들어 판매하면 저작권 위반이 됩니다. 소유권만 가지고 있을 뿐 저작권은 여전히 화가 A의 것입니다.

그럼에도 타인의 이미지를 사용해야 한다면 가능하면 CCL을 확인하세요. CCLCreative Commons License은 일정 조건하에 창작물의 이용을 허락하는 자유 라이선스입니다.

▶ **CCL 아이콘과 뜻**

아이콘	뜻
ⓘ	**저작자 표시** 저작자의 이름, 출처 등 저작자를 반드시 표시해야 한다.
🚫$	**비영리** 저작물을 영리 목적으로 이용할 수 없다. 영리목적의 이용하려면, 별도의 계약이 필요하다.
⊜	**변경 금지** 저작물을 변경하거나 저작물을 이용한 2차적 저작물 제작을 금지한다.
↻	**동일 조건 변경 허락** 2차적 저작물 제작을 허용하되, 2차적 저작물에 원 저작물과 동일한 라이선스를 적용해야 한다.

출처 : www.cckorea.org/xe/ccl

저작권 유효 기간

우리나라 저작권은 사후 50년까지 보호했는데, 한미 FTA 때 사후 70년으로 연장했습니다. FTA 발효 시점인 2013년 이전에 사후 50년이 된 저작물은 소급되지 않습니다. 따라서 저작권자가 1962년 이전에 사망했다면 저작권은 50년까지만 적용됩니다. 1963년 이후 사망자는 사후 70년 동안 저작권을 보호받습니다.

- 1962년 이전 사망 : 저작권 50년 보호
- 1963년 이후 사망 : 저작권 70년 보호

세부 내역은 다음과 같습니다.

- 무명 또는 이명 저작물 : 공표된 때로부터 70년
- 업무상 저작물 : 공표한 때로부터 70년
- 영상 저작물 : 공표한 때로부터 70년
- 공동저작물 : 마지막으로 사망한 저작자의 사망 후 70년

보호 기간은 저작자가 사망하거나 저작물을 공표한 해의 다음 해 1월 1일부터 계산합니다. 우리나라는 저작권 만료 저작물을 공유마당에서 공개합니다.

- 공유마당 : gongu.copyright.or.kr/gongu/main/main.do

이미지, 영상, 음악, 어문 폰트 등 다양한 분류가 등록되어 있으니 자주 들러 나쁠 게 없는 멋진 사이트입니다.

2019년 4월 9일 현재 등록 건 수는 다음과 같습니다.

- 이미지 : 990,880건
- 영상 : 2,373건
- 음악 : 12,393건
- 어문 : 1,835,065건
- 기타(폰트 외) : 1,056건

저작권이 만료된 작품을 제공하는 프로젝트 구텐베르크Project Gutenberg도 참조하세요.

- www.gutenberg.org

9.9
저작권 침해 배상

저작권 침해는 친고죄입니다. 따라서 형사/민사 소송을 하지 않으면 죄를 묻지 않습니다. 고소당하지 않으면 상관없다고 안심할 것은 아닙니다. 저작권 침해로 받는 형사 처분은 다음 링크에서 확인하세요.

- 한국 저작권위원회 글 : bit.ly/2P6YwU1

출판 표준 계약서에 의하면 저작물에서 자작권 침해를 하면 그 책임은 모두 저자에게 있습니다. 출판사 임의로 삽입한 이지미가 저작권을 침해했다면 그 책임이 출판사에도 있겠지만, 그렇지 않다면 온전히 저자의 책임입니다. 그러니 늘

신중해야 합니다.

책을 쓰면 저작권 침해와 인용의 경계를 오가게 됩니다. 확실하지 않으면 저작권자에게 사전 허락을 구하는 것이 최고의 방법입니다. 그런데 모든 저작권자에게 사전 허락을 받는 것이 쉽지는 않습니다. 그래서 저작권법은 ① 신탁, ② 저작권 대리중개업, ③ 법적 허락 방법을 규정하고 있습니다.

1 신탁

저작권을 신탁해 놓은 기관을 활용하면 그 수고를 덜 수 있습니다. 문화체육관광부 저작권산업과는 저작(인접)권 신탁관리업자를 관리합니다. 신탁관리단체 현황은 다음과 같습니다(2018. 2. 20. 기준).

분야	신탁기관
음악	한국음악저작권협회(www.komca.or.kr)
	함께하는음악저작인협회(www.koscap.or.kr)
	한국음반산업협회(www.riak.or.kr)
	한국음악실연자연합회(www.fkmp.kr)
어문	한국문예학술저작권협회(www.copyrightkorea.or.kr)
	한국방송작가협회(www.ktrwa.or.kr)
	한국시나리오작가협회(www.scenario.or.kr)
	한국복제전송저작권협회(www.korra.kr)
영상	한국영화제작가협회(www.kfpa.net)
	한국영화배급협회(www.mdak.or.kr)

방송	한국방송실연자협회(kbpa.kr)
뉴스	한국언론진흥재단(www.kpf.or.kr)
공공	한국문화정보원(www.kcisa.kr)

2 저작권 대리중개업

저작권자가 저작권 중개 대리인을 세울 수 있습니다. 저작권 대리중개업은 단순히 행정적인 업무를 처리하는 대리업자이므로 저작권자에게 저작권 사용 허락을 받아야 합니다. 대리 중개업자가 있다고 해서 저작권자와 직접 계약 관계를 맺지 못하는 것은 아닙니다.

3 저작물 이용의 법정 허락

'상당한 노력'으로 저작권자를 찾고자 시도했는데 결국 찾지 못한 경우 '저작물 이용의 법정 허락'을 얻어 저작물을 사용할 수 있습니다(저작권법 제50조 제1항). 공표된 저작물을 공익상 필요에 의하여 방송하고자 하는 방송사업자가 그 저작재산권자와 협의하였으나 협의가 성립되지 아니하는 경우(저작권법제51조)와 판매용 음반이 우리나라에서 처음으로 판매되어 3년이 경과한 경우 그 음반에 녹음된 저작물을 녹음하여 다른 판매용 음반을 제작하고자 하는 자가 그 저작재산권자와 협의하였으나 협의가 성립되지 않은 경우(저작권법 제52조)에도 법정 허락을 이용할 수 있습니다.

출판에서는 첫 번째 조항만 해당한다고 생각하면 됩니다.

법정 허락은 한국저작권위원회의에 승인을 받아 공탁금을 걸어두고 저작물을 이용하는 방법입니다.

제50조(저작재산권자 불명인 저작물의 이용)

① 누구든지 대통령령이 정하는 기준에 해당하는 상당한 노력을 기울였어도 공표된 저작물(외국인의 저작물을 제외한다)의 저작재산권자나 그의 거소를 알 수 없어 그 저작물의 이용허락을 받을 수 없는 경우에는 대통령령이 정하는 바에 따라 문화체육관광부장관의 승인을 얻은 후 문화체육관광부장관이 정하는 기준에 의한 보상금을 공탁하고 이를 이용할 수 있다. 〈개정 2008. 2. 29.〉

② 제1항의 규정에 따라 저작물을 이용하는 자는 그 뜻과 승인연월일을 표시하여야 한다.

③ 제1항의 규정에 따라 법정허락된 저작물이 다시 법정허락의 대상이 되는 때에는 제1항의 규정에 따른 대통령령이 정하는 기준에 해당하는 상당한 노력의 절차를 생략할 수 있다. 다만, 그 저작물에 대한 법정허락의 승인 이전에 저작재산권자가 대통령령이 정하는 절차에 따라 이의를 제기하는 때에는 그러하지 아니하다.

④ 문화체육관광부장관은 대통령령이 정하는 바에 따라 법정허락 내용을 정보통신망에 게시하여야 한다. 〈개정 2008. 2. 29.〉

대통령령으로 정한 '상당한 노력의 기준'은 다음과 같이 굉장히 까다롭습니다. 그래서 이미 법정허락된 저작물을 정보통신망에 게시하고 있습니다.

• 권리자 찾기 정보시스템 : www.findcopyright.or.kr

'상당한 노력의 기준'도 대통령령으로 정합니다.

참고로 법령을 읽어 해석하기가 상당히 까다롭기 때문에 한국저작권위원회에서 제공하는 법정 허락 페이지를 살펴보면 쉽게 이해할 수 있을 겁니다.

- 한국저작권위원회 법정 허락 :

  www.copyright.or.kr/business/legal-license/index.do

더 궁금한 사항은 링크에 있는 업무 담당자에게 문의하시기 바랍니다.

문화체육관광부와 한국저작권위원회에서 만든 다음 문서도 도움이 될 겁니다.
아무쪼록 저작권 때문에 곤란을 겪는 일이 없길 바랍니다.

- 최근 5개년 저작권 주요 판례(14~19년 3월) : bit.ly/2uYEXnl
- 딱딱한 저작권법을 알기 쉽게! '콕콕 저작권' : bit.ly/2v7C6J7

9.10

마치며

저작권을 침해하는 두 가지 큰 원인으로 귀차니즘과 무지가 있습니다. 귀찮으니
까 남의 것을 베끼고, 어느 정도가 적법한 인용인지 몰라서 침해하는 거죠. 게다
가 때로는 법원의 판단을 기다려야 할 정도로 저작권은 복잡하고 미묘하죠. 저
작권을 침해해서 책을 전량 수거하고 폐기하고 명예가 실추되는 일이 발생하지
않게 하려면 방법은 하나뿐입니다.

"적법한 인용 범위에서 반드시 인용 표기해 사용한다."

역시나 애매하군요. 집필하다 궁금한 사항은 담당 편집자와 상의하고 그래도 모
르겠다 싶으면 한국저작권센터에 문의하기 바랍니다.

- 한국저작권센터 : www.copyright.or.kr

10장

출판 계약서 살펴보기

출판의 시작과 끝은 계약입니다. 소규모 출판사는 계약서 없이 메일로 대신 하기도 하지만, 출판권은 계약을 맺어야 비로소 출판사에 주어집니다. 사람이 하는 모든 일에는 항상 분쟁의 소지가 있으니까 계약을 확실히 맺는 게 중요합니다.

출판사마다 표준 계약서를 사용하므로, 저자나 역자 개개인에 맞춰 조항을 변경하지는 않습니다. 필요하면 특약으로 예외 사항을 설정합니다.

출판 계약이 무엇인지와 계약 형태, 저작권 지급 방식을 알아보겠습니다. 끝으로 한국출판인회의 표준 계약서도 뜯어보겠습니다.

다루는 내용은 다음과 같습니다.

1   출판 계약
2   계약과 집필(설정과 양도)
3   선인세와 인세
4   표준 계약서 살펴보기

출판 계약

계약하면 계약금을 지급받게 됩니다. 계약서는 출판사마다 다를 수 있습니다. 참고로 한국출판인회의www.kopus.org는 출판 표준 계약서를 배포합니다. 법적인 각종 사안이 잘 정리되어 있는데, '갑'이 저작권자인 저자입니다. 출판사는 '을'입니다. 저작권이 저자에게 있으므로 당연한 겁니다. 법리 다툼이 벌어질 때를 대비해 조항을 꼼꼼히 만들어 분량이 3쪽을 넘습니다.

일반적인 사안 위주로 말씀드리겠습니다. 다시 한번 말씀드리지만 출판사마다 계약 내용이 다를 수 있습니다!

출판 계약이란 일정 기간 출판권을 출판사에 주는 겁니다. 일반적으로 출판 계약은 3~7년이며, 만료 이후에는 서로 종료 의사를 밝히지 않으면 자동 연장됩니다. 따라서 만료를 원한다면 만료 이전에 우편(혹은 메일)으로 해지 의사를 밝혀야 합니다.

계약 만료 이전이더라도 다음과 같은 이유로 해지가 가능합니다.

1 집필이 약속된 기한보다 늦어질 때, 혹은 그렇게 될 것이 확실할 때
2 원고의 품질에 문제가 있어 출간하지 못할 정도일 때
3 집필이 완료되었지만 계약서에 명기된 기한이 지났음에도 출간하지 않을 때
4 저자가 타인의 저작권을 침해한 원고를 작성해 소송 등에 휘말렸을 때

그 외에도 다양한 경우가 있겠지만, 일반적으로 귀책사유가 있는 곳이 배상을 하거나 피해금을 보상하게 됩니다. 특히 타인의 저작권을 침해하면 책을 전량

회수하고 출판사가 입은 피해를 저자가 보상/배상해야 하며, 원 저작권자에게 배상도 해야 합니다. 그러니 남의 글이나 그림을 그대로 가져다 쓰는 일이 없어야 합니다. 출판 계약에서 가장 중요한 것은 계약 조건을 꼼꼼히 읽는 겁니다.

10.2
계약과 집필(설정과 양도)

계약 종류는 크게 둘로 나뉩니다. 설정과 양도입니다. 양도 뜻은 대충 알겠는데 설정은 조금 낯설지요? 양도는 저작권 일체를 출판사에게 주는 행위를 말합니다. 설정은 일정 기간 독점 유통 권한을 주는 것을 말합니다. 양도는 주로 번역서 매절에, 설정은 주로 집필서 인세 계약에 사용되지만 꼭 그런 것은 아닙니다.

예를 들어 책을 번역할 때 양도 대신 설정으로 합의해, 인세 계약을 맺을 수 있습니다. 판매가 잘 된다면 역자가 유리합니다. 반대로 안 팔릴 책이면 양도 계약이 더 많은 수익을 역자에게 가져다줄 겁니다. 그렇지만 출판사도 나름의 원칙이 있어서 역자의 갈팡질팡 요구를 다 받아주지는 않습니다.

집필서는 설정, 즉 인세 계약을 하게 됩니다. 매절은 번역서나 칼럼 등에 더 적합합니다. 예를 들어 온라인 서점에 제공한 칼럼의 인세를 어떻게 책정할 수 있을까요? 누구나 무료로 볼 수 있게 인터넷에 공개하는 짧은 글인데 말이죠? 신문이나 잡지에 기고할 때도 마찬가지입니다. 건당 혹은 원고지 기준 페이지당 가격으로 매절 처리를 하게 됩니다. 매절 가격은 출판사마다 천차만별입니다.
최근 매절은 좀 억울한 면이 있습니다. '출판의 오랜 잘못된 관행'으로 낙인찍는 기사가 적지 않습니다. 앞서 말씀드렸듯 인세와 매절은 적합한 곳이 다릅니다.

집필/번역에서 설정/양도는 다음과 같이 적용합니다.

	집필	번역
설정	적합	꾸준한 관리가 필요하다면 적합
양도	인세 산정이 어렵거나 칼럼 등 짧은 글	적합

10.3

선인세와 인세

인세는 책이 판매될 때마다 저작권자에게 지급되는 돈입니다. 선인세는 아직 팔리시 않은 책의 인세로 지급하는 돈입니다. 더 자세히 인세와 선인세를 알아보기 전에 검인지에 대해 먼저 알아볼게요.

1 검인지

과거에는 출판사가 몇 부를 팔았는지 저자 입장에서 알 도리가 없으므로 저자가 종이에 본인 도장을 찍어 제작 부수만큼 출판사에 제공했습니다. 이 종이를 검인지라고 합니다(그렇다면 인세는 검인지를 붙여 받은 돈이라 붙은 이름일까요?). 출판사는 검인지를 판권 페이지에 붙여 판매했습니다.

과거에는 검인지를 기본으로 붙였지만, 이제는 거의 사라지고 없습니다. 검인지를 붙이는 작업을 사람이 합니다. 만드는 저자, 붙이는 출판사 모두 곤욕이죠. 서로 믿고 사는 밝은 사회를 이룩하는 차원에서 검인지를 안 붙이게 된 거죠.
조금 옆으로 새는 이야기를 좀 해야겠군요. 보통 저자는 편집자나 출판사와 꾸준한 관계를 가져갑니다. 그런데 심심치 않게 다른 출판사에서 여러 권 출간한 저자로부터 투고가 들어옵니다. 왜 출판사를 옮기시냐고 여쭈면 '인세를 속이거나, 원고를 보낸 지 오랜 시간이 지났는데도 책을 안 내줘서 옮긴다'고 합니다.

첫째, 진짜 인쇄 부수를 속이는 출판사가 있나 궁금하시죠? 있습니다. 유명한 예를 들어볼까요? 『만화로 보는 그리스 로마신화』를 펴낸 G출판사는 1,000만 부 이상 팔고도 인세를 368만 부만 지급해 소송당하고 패소했습니다. 2007년 일입니다.

검인지를 붙이지 않으면 인세 부수를 속이기는 쉽습니다. 따라서 믿을 수 있는 출판사와 계약하는 게 좋습니다. 의심되면 서점에 가서 중쇄 정보를 찾아보시기 바랍니다. 중쇄 정보는 판권 정보가 있는 쪽에 있습니다. 보통은 맨 앞, 혹은 맨 뒤에 있습니다. 판권 페이지에서 다음과 같은 인쇄 날짜를 찾으면 됩니다.

초판 1쇄 인쇄 2018년 03월 01일
초판 2쇄 인쇄 2018년 03월 14일

둘째, 원고를 보낸 지 오랜 시간이 흘렀는데도 출간을 안 해주는 이유는 무얼까요? 내봤자 이득이 안 되기 때문입니다. 원고 완성도나 시장성에 문제가 있다고 판단한 겁니다. 출판사에 계약 해지를 메일로 요청해서 동의 의사를 답메일로 받고 원고를 보강해서 다른 출판사 문을 두드려보기 바랍니다.

2 인세

인세는 팔린 만큼 주는 돈입니다. 보통은 정가의 5~15%를 지급합니다. 인세율 8%에 1만 원짜리 책 2천 권을 팔았다고 가정하고 인세를 계산해보겠습니다.

10,000원 X 2,000부 X 8% = 1,600,000원

정가가 2만 원이면 320만 원이겠군요. 3만 원이면 480만 원이죠. 그럼 4만 원짜리 책을 써서 560만 원 정도 벌면 나쁘지 않겠군요!

예를 들어 소프트웨어 개발자들이 보는 책의 정가는 경쟁서 여부에 따라 장당 40원~70원에서 설정됩니다. 장당 60원에 333쪽이어야 정가를 2만 원으로 정할 수 있죠! 560만 원을 인세로 받으려면 660쪽을 써야 합니다. 원고를 조판하면 쪽 수가 1.1배 정도 늘게 됩니다. 그러면 60쪽을 덜 써도 되겠군요. 600쪽은 하루 2쪽, 주 10쪽 기준으로 60주 동안 꾸준히 쓰면 작성할 수 있는 분량입니다!

자기계발서나 경제경영서같이 경쟁이 치열한 분야일수록 쪽당 단가가 낮습니다.

❸ 선인세

선인세는 책이 아직 팔리지 않았는데 출판사가 저작권자에게 지급하는 인세입니다. 선인세의 선은 먼저 선(先)이겠죠?

출판사가 선인세를 제공하는 이유는 다음과 같습니다.

1 상호 법적 구속력 적용
2 집필/출판 의지 북돋아주기
3 저작권자의 노고 치하하기
4 저역자와의 관계 개선/유지

실제로 돈이 오가지 않은 계약서는 휴지 조각인 거 다 아시죠? 계약하고 돈이 오가야 배상 조항도 유효하게 적용되는 겁니다. 저자가 글을 못 쓰거나, 다른 출판사로 옮길 수도 있죠. 이때 출판사를 보호해주는 것이 선인세(일반적으로는 계약금)이죠(물론 경쟁 출판사가 먼저 출판 설정 등록을 했으면 별수 없지만...).

그 반대로 출판사가 출판 의사를 돌연 취소할 수도 있습니다. 이때 저자를 보호해줍니다. 그러니 조금 살벌한 법적인 용어가 난무하더라도 제대로 된 계약서가 중요합니다.

계약서보다 상호 신뢰가 더 중요합니다. 배상 조건이 통상 2배인데 변심했을 때 그깟 50만 원, 100만 원짜리 배상이 뭐가 두렵겠습니까? 그저 보조적인 장치로 보면 됩니다.

선인세 지급 방식

그럼 선인세에는 무엇이 포함될까요? 바로 계약금과 출간 기념 집필 잔금입니다. 계약금은 계약서 서명 이후에 입금됩니다. 전체 선인세에 포함되는 금액으로, 별도가 아닙니다. 출간 기념 집필 잔금은 저자가 그간 고생을 하셨으므로 출판사가 초판을 찍고 배본이 되는 시점 전후에 초판 인세를 미리 지급하는 돈입니다. 이미 지급한 계약금을 제외하고 지급합니다. 집필 잔금을 꼭 선인세로 주는 건 아닙니다. 출판사마다 정책이 다릅니다.
이미 5.2절 '출판 프로세스 훑어보기'에서 인세 지급 방법을 알아보았습니다. 복습 차원에서 짧게 다시 살펴볼까요?

1 계약금 + 초판 선인세 + 2쇄부터는 팔린 만큼 지급
2 계약금 + 팔린 만큼 지급
3 팔린 만큼 지급
4 쇄를 찍을 때마다 선인세

3번이 출판사에 가장 유리하네요. 4번은 저자에게 유리합니다. 1번과 2번 방식이 일반적입니다.

선인세 계산하기

'인세'에서 인세율로 인세를 계산하는 방법을 배웠습니다. 선인세도 기본적으로 같은 방법으로 계산하죠. 예를 들어 인세율 8%에 1만 원짜리 책 2천 권을 팔았다고 가정하고 선인세를 계산해보겠습니다.

10,000원 X 2,000부 X 8% = 1,600,000원

여기서 계약금이 50만 원이라면 선인세 잔금은 110만 원입니다.

이렇게 끝나면 참 좋은데요, 우리나라에 초판도 다 못 팔고 파쇄되어 재생 종이 공장으로 가는 책이 얼마나 많은지 아십니까? 이 글의 서두에서 인용한 유시민 작가의 말씀을 다시금 써봅니다.

"(출판은) 잘나가는 몇 명의 작가들로 번 돈을 수백 명 신인 저자들에게 투자하는 구조"

10권 중 1권만 수익을 낸다는 충격적인 말씀인데요, 그 정도는 아닐 수 있지만 잘나가는 책과 그렇지 못한 책의 비율은 정규분포를 그리죠.

▶ 잘나가는 책과 그렇지 못한 책의 분포

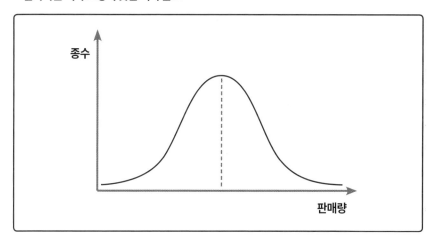

X축이 '판매량'이고, Y축이 '종수'일 때 왼쪽이 잘 팔리는 책, 중간이 그저 그런 책, 오른쪽이 아주 잘나가는 책입니다. 정규분포 포물선을 오른쪽으로 이동시킬 수록 더 좋은 수익이 나겠죠? 하지만 그게 말처럼 쉽지 않습니다. 무작정 잘 팔리는 책만 내면 주제가 한정되니까 문화 전반을 고르게 다루거나 신규 저자를 발굴하는 일에 소홀해지겠죠?

출판사마다 다르겠지만 10권 중 3권 내외는 손익분기를 넘기지 못하고 절판될 겁니다. 여기서 손익분기 달성 기간이 출간 후 1년을 말하는 게 아니에요. 절판 시점까지를 말씀드리는 거예요.

선인세를 100% 지급하면 이처럼 손익분기도 못 넘고 절판되어 파쇄되는 책의 손해를 출판사가 100% 떠안게 되죠.

많은 소매 서점이 죽었다 해도 책 한 권을 절판하면 전국에서 200~400권 정도가 반품됩니다.

반품 수가 왜 중요할까요? 출판은 위탁판매 구조이기 때문에 중요합니다. 책을 먼저 보내주고, 나중에 팔린 만큼 돈으로 받습니다. 그래서 전국에 1,000권을 출고했더라도 실제로 1,000권이 판매된 건 아닙니다. 반품이 300권이면 실제로 700권 팔린 거죠.

이런 구조 때문에 출판사는 인세를 배본된 만큼 곧바로 지급하지 않고 몇 백 부 인세를 깔아둡니다. 예를 들어 초판 인쇄 부수의 100%가 아니라 80% 내외만 지급합니다. 1쇄 절판뿐 아니라 10쇄 절판이라고 해도 시장에서 팔리지 못한 재고가 반드시 반품되기 때문이죠!

그럼 인세율 8%에 1만 원짜리 책 2천 권을 팔았다고 가정하고 선인세를 계산해 보겠습니다.

10,000원 X 2,000부 X 8% X 80%(반품 고려) = 1,280,000원

계약금이 50만 원이면 집필 선인세 잔금은 78만 원이군요!

반품을 고려해 받지 못한 400부 선인세는 언제 받게 될까요? 절판되어 300권 반품되면 100부 인세는 다음 정산 시점에 지급받게 됩니다. 그런데 500권이 반품되면 저작권자가 100부 인세는 돌려주어야 할까요? 이 정책은 회사마다 다르므로 계약 시 확인하세요.

표준 계약서 살펴보기

한국출판인회의 표준 계약서로 계약 사항을 살펴보겠습니다. 저자로서 설정 계약을 하는 '출판권 및 배타적 발행권 설정 계약서'를 살펴보겠습니다.

출판권 및 배타적 발행권 설정 계약서

저작물명:

위 저작물(이하 '본 저작물')을 출판함에 있어, 저작권자 ___을(를) '갑'이라 하고 저작물에 대한 출판권 및 배타적 발행권자 ___을(를) '을'이라 하여 아래와 같이 계약을 체결한다.

저작물명은 실제 출간할 때 이름이 바뀔 수도 있습니다. 사실 대부분 바뀐다고 보면 됩니다. 갑이 저자입니다. 출판권은 저작권자가 출판사에 주는 권리입니다.

제1조 (출판권 및 배타적 발행권의 설정)

① '갑'은 '을'에 대하여 본 저작물에 대한 출판권 및 배타적 발행권을 설정하고, '을'은 본 저작물의 복제 및 배포·전송에 관하여 전 세계에 걸쳐 한국어판에 대한 독점적이고도 배타적인 권리를 갖는다.

② '갑'은 '을'에게 본 저작물을 디지털 파일(모든 형식의 변환을 포함하며, 이하 동일하다)로 제작하여 복제·전송할 수 있도록 허락하고, '을'은 그에 관하여 전 세계에 걸쳐 독점적인 권리를 갖는다.

제2조 (용어의 정의)

① 이 계약에서 말하는 '출판권'이라 함은 저작권법에서 규정하고 있는 "인쇄 그 밖에 이와 유사한 방법으로 문서 또는 도화로 발행할 수 있는 권리"로서 저작물에 대하여 준물권적 배타성을 갖는 권리를 말한다.

② 이 계약에서 말하는 '배타적 발행권'이라 함은 저작권법에서 규정하고 있는 "저작물을 발행하거나 복제·전송할 수 있는 권리"로서 저작물에 대하여 준물권적 배타성을 갖는 권리를 말한다.

③ 이 계약에서 말하는 '전송'이라 함은 저작권법에서 규정하고 있는 공중송신권에 기반하여 "공중이 개별적으로 선택한 시간과 장소에서 수신하거나 이용할 수 있도록 저작물을 무선 또는 유선 통신의 방법에 의하여 송신하거나 이용에 제공하는 것"을 가리키며 인터넷 및 통신위성 등을 이용하여 개인용 컴퓨터, 전용단말기, 휴대전화 등에 다운로드 하거나 고정할 수 있는 디지털 파일로 제작하여 전자책(e-book) 등에 이용할 수 있게 하는 것을 포함한다.

출판권은 종이책, 배타적 발행권은 전자책으로 인식하면 됩니다. 출판권의 복제권고 배포권도 명시되어 있습니다.

제3조 (출판권 및 배타적 발행권의 등록) '을'은 본 저작물에 대한 배타적 발행권(출판권 포함)의 설정을 한국저작권위원회에 등록할 수 있으며, '갑'은 이에 지체 없이 협력하여야 한다.

출판권 등록을 해야 진짜 독점적 지위를 출판사가 얻는 겁니다. 인감으로 서명하고 인감증명서도 제공해줘야 합니다. 출판권 설정에 협조하지 않으면 출판사가 책을 낼 이유가 없겠죠. 특히나 아직 서로 신뢰 관계가 형성되지 않았을 때는 더욱 그럴 겁니다. 모순되게도 출판사는 일반적으로 출판권 설정 등록을 하지 않습니다. 번거롭고 추가 비용이 들기 때문입니다.

제4조 (출판권 및 배타적 발행권의 유효기간과 갱신 및 재고도서의 배포)

① 이 계약에 의한 출판권 및 배타적 발행권은 계약일로부터 본 저작물의 초판 발행일까지 그리고 초판 발행일로부터 ○○년간 그 효력이 존속한다.

② 본 저작물을 디지털 파일로 제작한 경우 전송권은 최초로 디지털 파일로 제작을 완료한 날까지 그리고 최초 디지털 파일 제작 완료일부터 ○○년간 그 효력이 존속한다.

③ 계약 만료일 ○○개월 이전까지 '갑'과 '을' 어느 한쪽에서 계약갱신을 원하지 않는다고 문서로 통고하지 않는 한 이 계약과 같은 조건으로 계속 ○○년씩 연장된다. 이 경우 '을'은 '갑'에게 계약 만료일의 도래를 ○○개월 이전까지 통지하여야 한다.

④ 본 저작물의 개정판, 증보판(출판 및 디지털 파일 제작을 포함한다)을 발행할 경우 그 출판권 및 배타적발행권의 존속 기간은 본조 제1항 및 제2항의 예에 따르기로 한다.

⑤ '을'은 출판권 및 배타적발행권 소멸된 후에도 계약 유효기간 중에 인쇄된 재고도서를 배포할 수 있다. 전송에 의한 저작물 이용은 계약 만료일 이후 ○○ 이내에 중단하여야 하지만, 구매자가 이미 전송받은 저작물의 이용에 영향을 끼치지 않는다.

출판권 기간을 설정합니다. 보통 5년 내외입니다. 개정판을 내더라도 출판권 기간은 유효합니다. 만료 후 기간은 보통 1년마다 자동 연장되며 해지를 하려면 사전 통보를 해야 합니다. 원래는 만료되는 즉시 판매도 중지해야 하지만, 그러면 종이책은 재고만큼 피해를 입게 되니까 재고에 한해서 예외 조항을 설정해뒀습니다.

제5조 (배타적 및 독점적 사용)

① 출판권 및 배타적발행권 유효기간 중 '갑'은 본 저작물과 동일한 제호의 저작물, 그리고 본 저작물과 내용의 전부 또는 일부가 동일 또는 현저히 유사한 저작물을 출판 또는 디지털 파일로 제작하여 복제·전송하거나 타인으로 하여금 출판 또는 디지털 파일로 제작하여 복제·전송하도록 해서는 안 된다.

② 출판권 및 배타적발행권 유효기간 중 '갑'은 어떠한 전집이나 선집에도 본 저작물의 전부 또는 일부를 전재하거나 디지털 파일로 제작하여 복제·전송하도록 할 수 없다. 단, 부득이한 경우 '을'로부터 사전 서면 동의를 얻어야 한다.

③ '갑'은 '을'의 사전 동의 없이 제삼자로 하여금 본 저작물의 개정판 또는 증보판을 출판 또는 디지털 파일로 제작하여 복제·전송하게 해서는 안 된다.

이중 계약하는 것과, 저작물을 제3자에게 디지털 파일로 전달하는 것을 금합니다.

제6조 (원고의 인도 및 출판의 기한)

① '갑'은 '을'에게 ○○○○년 ○○월 ○○일까지 본 저작물의 완전한 원고를 인도하여야 한다. 이 저작물에 부수되는 도표, 그림, 사진, 기타 자료의 수집·정리는 '갑'이 책임진다. 이 경우 '갑'은 출판이 가능한 '완전한 원고'의 정도에 이르렀다는 사실에 대한 '을'의 판단을 최대한 존중해야 하며, '을'은 '갑'에게 원고의 일부 또는 전부에 대한 수정을 요구할 수 있다.

② '을'은 본조 제1항의 조건이 충족되는 것을 전제로 ○○○○년 ○○월 ○○일까지 본 저작물을 출간한다. 단, 공중송신(전송)의 이용에 의한 디지털 도서의 발행 시기는 '갑'과 '을'이 협의하여 결정한다.

③ 원고 수정 등 제작상의 사정 또는 발행 부적기, 천재지변 등의 사유로 출판이 늦어질 경우 '을'은 '갑'과 협의하여 발행 기일을 연기할 수 있다.

기한에 맞춰 원고를 제공해야 합니다. 출판사에 따라 초벌 원고가 아니라 완전 원고를 만드는 시기로 기준을 잡기도 합니다. 집필 기간이 늘면 그만큼 집필의 고통 시간도 늘어나게 되니 열심히 집필해주세요.

제7조 (2차적 저작물)

① 본 계약 유효기간 중 본 저작물의 재수록을 포함하여 번역, 번안, 만화, 연극, 영화, 애니메이션, 방송, 녹음, 녹화, 편집, **'저작권법 제25조(학교교육 목적 등에의 사용) 및 제31조(도서관 등에서의 복제)에 따른 보상금'**, 기타 일체의 형태나 방법으로 2차적 저작물을 작성하여 사용할 경우에는 '갑'이 그에 관한 업무 처리를 '을'에게 위임하고, 그 사용허락의 조건에 관하여는 '갑'과 협의하여 결정한다.

② 본 저작물의 2차적 저작물 사용으로 발생하는 수익금은 '갑'과 '을'이 각각 ○○○○으로 배분한다.

③ 본 저작물의 번역물이 해외에 판매될 경우 발생하는 수익금은 '갑'과 '을'이 각각 ○○○○으로 배분한다. 단, '갑'이 본 계약서 체결 이후 본 저작물의 해외 번역판권 계약의 독점적 대행을 출판 에이전시 등 제3자에게 위임하고자 한다면 '갑'은 '을'의 동의를 얻어야 하고, 이때 발생하는 저작권 사용료의 배분은 '갑'과 '을'이 협의하여 결정한다.

④ 2차적 저작물 사용에 관하여는 본 계약서 제1조 및 제4조, 제5조의 예에 따르기로 한다.

2차적 저작물 설정 내용입니다. 서로 수용할 수 있는 수준으로 합의하면 됩니다.

제8조 (저작자의 책임) '갑'은 본 저작물의 내용과 표현 형식에 책임을 지며, 다른 저작물을 표절하는 등 타인의 권리를 침해한 사실이 없다는 사실을 확인한다. 만일 저작권 침해 문제 등 본 저작물의 내용과 표현 형식에 따른 분쟁이 발생하는 경우 그로 인한 손해의 배상 등 법적 책임은 모두 '갑'이 부담하기로 한다.

책은 저자가 집필하는 겁니다. 따라서 저작권 침해가 발생하지 않도록 각별히 주의해주세요. 저작권 침해로 발생하는 분쟁 비용은 모두 저자가 부담하게 됩니다. 또한 을은 계약 해지와 배상을 요청할 수도 있습니다.

제9조 (출판 · 배포 · 전송의 의무와 판매의 권리 등)

① '을'은 본 저작물을 출판 · 배포 · 전송할 의무를 갖는다.

② '을'은 본 저작물의 출판물 및 디지털 파일 판매(전송)에 관하여 독점적 권리를 갖는다.

③ '갑'은 본 저작물의 편집 · 제작 · 홍보 · 판매 등에 관한 사항을 '을'에게 위임하며, '을'은 '갑'의 의견을 존중하여 처리한다.

④ '을'은 본 저작물을 홍보하기 위한 각종 인쇄물과 매체, 온라인서비스 등에 본 저작물 및 '갑'의 초상과 이력사항을 자유롭게 사용할 권리를 갖는다.

출판 배포 권한이 출판사에 있습니다. 저자의 이력을 자유롭게 쓸 권리도 갖게 됩니다.

제10조 (비용의 부담)

① '갑'은 본 저작물에 부수되는 도표 · 사진 · 그림 · 기타 자료 등의 사용료를 포함하여 원고 완성에 이르기까지의 모든 비용을 부담하며, '을'은 본 저작물의 편집 · 교정 · 제작 · 배포 및 전송에 필요한 경비를 부담한다.

② '갑'의 요청에 따른 수정 · 증감 등에 의하여 통상의 제작비를 현저히 초과한 경우 '을'은 그 초과액의 전부 또는 일부를 '갑'에게 청구할 수 있다.

원고 집필에 드는 비용은 저자가 충당합니다. 다만 현저히 초과되는 경우 출판사에 일부나 전부를 청구할 수 있습니다. 예를 들어 해외여행 가이드 책자를 만들 때 출판사가 여행 경비를 보조하게 되죠. 일방적인 청구는 (기분도 나쁘고 응하지 않을 수 있으니) 소용이 없습니다. 사전에 협의하기 바랍니다.

제11조 (출판에 따른 저작권 사용료-이하 '인세'- 등)

① 이 계약이 성립함과 동시에 '을'은 '갑'에게 계약금으로 금 ○○○만 원을 지급하고, 이 금액은 인세의 일부(선금)로 충당한다.

② '을'은 본 저작물의 판매 부수에 따른 정가 총액의 ○○%를 인세로서 '갑'에게 지급한다. 이때 납본용·증정용·신간안내용·서평용·홍보용 등으로 무가 배포된 부수는 제외한다.

③ '을'은 매년 6월과 12월 2회에 걸쳐 판매내역을 '갑'에게 고지한 후 30일 이내에 지급한다.

④ 관례에 따라 검인지 첨부는 생략한다. '을'은 본서의 판매 상황이나 발행 부수에 대해 '갑'의 확인 요청이 있을 경우 이에 응해야 한다.

계약금은 일반적으로 50만~100만 원 선입니다. 유명 작가라면 천 단위를 넘기도 하죠. 인세는 5~15% 사이이며 7~10%가 일반적입니다. 연 2회 인세를 정산합니다.

제12조 (전송에 따른 저작권 사용료)

① '을'은 본 저작물의 디지털 파일 전송이 개시되면 1회 판매당(동일 사용자의 이종 단말기 이용에 따른 복수 전송은 1회로 본다) 저작권 사용료로서 제11조 제2항에 명시된 인세와 동일한 금액을 '갑'에게 지급하여야 한다. '갑'에 대한 저작권 사용료는 종이책 판매 가격을 기준으로 하며 디지털 파일 판매 가격과 무관하다.

② 전송에 따른 저작권 사용료의 지급은 매년 6월과 12월 2회에 걸쳐 판매내역을 '갑'에게 고지한 후 30일 이내에 지급하여야 하며, '갑'의 요구가 있을 경우 '을'은 언제든지 판매내역을 공개하여야 한다.

전자책은 종이책과 동일한 금액을 지급하라고 명시되어 있습니다. 전자책 정가는 종이책 정가의 70%가 일반적입니다. 제작 유통비가 20~30% 정도 차지하기에 정해진 비율입니다. 종이책 인세가 8%라고 할 때 전자책 인세 15% 정도면 금액으로 환산했을 때 비슷하다고 보면 됩니다.

> 제13조 ('갑'에 대한 기증) '을'은 '갑'에게 초판 발행시 ○○권을 기증하고, 중쇄 발행 때마다 ○○권씩 기증한다.

초판은 보통 5~10권을 저자에게 기증합니다. 많으면 20권을 증정하기도 합니다. 중쇄 때는 한두 권 정도이고, 그나마 3쇄 이상 가면 (서로 합의하에) 증정을 끊기도 합니다.

> 제14조 (저작권 또는 출판권 및 진송권의 양도 등) '갑' 또는 '을'이 저작권 또는 출판권 및 전송권의 전부 또는 일부를 제삼자에게 양도하거나 질권을 설정하고자 할 때는 상대방으로부터 사전에 문서에 의한 동의를 얻어야 한다.

출판사가 엄청 걱정이 되나 봅니다. 이중 계약하거나 저자가 변심할까 봐요. 일단 계약했으니 함께 멋지게 책 만들고 잘 팔아보세요. 그렇게 쌓은 신뢰는 오래오래 가게 되죠. 물론 둘 모두가 신의를 지켰을 때 말이죠.

> 제15조 (재해 · 사고 등의 손실 처리)
> ① 천재지변, 전란, 화재, 기타 '을'의 고의가 아닌 불가항력에 의해 본 저작물에 대한 손해가 발생했을 경우, '갑'은 '을'에게 책임을 묻지 않는다.
> ② 배포 또는 진열중인 도서의 소실 · 유실 · 침수 · 파손 · 낙장, 또는 위탁거래인의 파산, 기타에 의한 손실이 통상적인 한도 이상일 경우 '을'은 그 손실분에 대한 자료를 제시하고 그 저작권 사용료의 감면을 요청할 수 있다.

사람 사는 세상에서 천재지변이 발생하면 서로 위로해주고 보듬어주어야 하는 법이죠. 신의를 두텁게 하는 계기로 삼으면 될 것 같아요.

제16조 (계약의 해지 및 소송의 합의관할)

① '갑' 또는 '을'이 본 계약에 정한 사항을 위반했을 때 그 상대방은 적절한 기간을 정하여 그 이행을 최고한 후 해지할 수 있고, 또 그 위반으로 손해를 입혔을 경우 당사자는 배상 또는 보상해야 한다.

② '갑'과 '을'은 천재지변 또는 고의가 아닌 사정으로 이 계약을 이행할 수 없을 경우, 협의하여 이 계약을 해지할 수 있다.

③ 이 계약과 관련하여 분쟁 또는 이견이 발생하는 경우 '갑'과 '을'은 우선적으로 한국저작권위원회에 조정신청을 하여 그 결과에 따르기로 한다. 다만, 어느 일방이 조정 결과를 받아들이지 못하여 불가피하게 '갑'과 '을' 사이에 제기되는 소송은 '을'의 사업장 소재지를 관할하는 법원을 제1심 법원으로 한다.

법원까지 가는 일은 벌어지면 안 되겠죠. 그런 일이 벌어지지 않게 계약서 잘 읽어보시고 필요하면 특약을 만들어 넣으세요. 그리고 품질과 일정을 지켜서 원고를 보내주세요. 그러면 출판사가 판매 부수를 속이지 않는 이상 별일은 없겠죠.

이 계약을 증빙하기 위해 계약서를 3부(설정등록용 1부 포함) 작성하여 각자 서명 날인(인감도장 날인 및 인감증명서 첨부)하고 1부씩 보관한다.

○○○○년 ○○월 ○○일

"갑" 설명 : ....(인)

주민등록번호 :

계좌번호 :

주소 :

"을" 설명 : ....(인)

사업자등록번호 :

주소 :

설정등록하려면 인감을 사용해야 합니다. 인감증명서도 주셔야 합니다. 경우에 따라 전화번호나 이메일 주소도 적습니다.

이상으로 한국출판인회의 표준 계약서를 살펴봤습니다. 한국출판문화산업진흥회와 문화체육관광부에서도 출판 표준 계약서를 제공합니다. 대동소이하고 큰 줄거리가 같습니다. 표준 계약서는 비정기적으로 개정되므로 각 사이트에서 최신 버전을 확인하기 바랍니다.

10.5

마치며

계약은 보험과 같아서 아무 일도 없을 때는 아무 도움이 안 됩니다. 그런데 일이 터지면 달라집니다. 나중에 '계약 조항을 잘못 봤네'라고 후회해도 소용이 없습니다. 표준 계약서는 저작권자와 출판사의 권리를 모두 보호하고 있어 저작권자가 '갑'이지만 그런 느낌은 덜 나는 게 사실입니다(출판사가 '갑' 같단 말이죠).

반드시 계약서를 조목조목 살펴보고, 필요하면 계약서 (본문은 유기적이므로) 본문을 고치는 것보다는 특약에 요구 사항을 기입하는 방식으로 권리를 꼭 챙기기 바랍니다.

출판 실비 알아보기

'요즘 자가 출판도 유행인데 직접 내볼까'라는 생각을 한 번쯤 해보셨죠? 좋은 생각이기도 하고 좋지 못한 생각이기도 합니다. 책 쓰는 데 아직 익숙하지 않은데 자가 출판을 하면 본인 성장에 별로 도움이 될 게 없습니다. 책 품질이 떨어지고 덜 팔리게 될 겁니다. A부터 Z까지 혼자 다했다는 성취감은 얻겠지만 말이죠.

자가 출판할 거 아니면 출판 실비를 알 필요가 없는 거 아닐까요? 그렇지 않습니다. 출판사가 돈을 아주 많이 번다고 생각하시는 분도 있고, 아주 찢어지게 가난하다고 생각하시는 분도 있죠. 어느 분야든 빈익빈 부익부입니다. 출판업도 마찬가지지죠. 실비를 알아보는 이유는 서로의 입장을 이해하려는 데 있습니다.

책 한 권을 출판할 때 실비를 가상으로 뽑아봅시다.

가상 도서의 제작 정보는 다음과 같습니다.

정가	제작 부수(권)	인세	내지 분량(쪽)	도수
15,000원	2,000	8%	280	2도

크게 인건비와 제작비로 나누고, 유지비나 영업마케팅 같은 부가 비용을 계산에서 빼겠습니다. 물류비도 빼겠습니다. 본문 내 삽입되는 상황 컷(일러스트)은 완성도와 복잡도에 따라 3~10만 원이 보통입니다. 5만 원짜리 컷을 20개 쓰면 100만 원이 추가되는데, 이런 비용도 이번 계산에는 넣지 않습니다.

A.1 인건비

인건비는 집필 선인세, 조판비, 교정비, 표지 디자인, 내지 디자인을 들 수 있습니다. 각 비용은 (통용되는 범위이지만) 예시이고 경우에 따라 다를 수 있습니다. 이점 오해 없으시기 바랍니다.

▶ **출판 인건비 계산**

인건비	비용	설명
집필 선인세	₩2,400,000	제작부수 x 인세율 x 정가
조판비	₩1,400,000	쪽수 x 단가 / 1도 4,000원, 2도 5,000원, 4도 6,000원
교정비	₩1,400,000	쪽수 x 단가 / 5,000원 일률
표지 디자인	₩1,500,000	외주 단가 150만 원
내지 디자인	₩1,000,000	외주 단가 100만 원
합계	₩7,700,000	

물론 외주비에 해당하는 모든 사항을 본인이 직접 수행한다면 실제 비용은 줄겁니다. 통용되는 인건비를 알아두는 차원에서 100% 외주 처리로 가정합니다.

A.2 종이/제작비

제작비에는 인쇄, 제본, 후가공이 들어갑니다. 인쇄는 찍는 비용이고, 제본은 자른 종이를 붙이는 과정입니다. 후가공은 일반적으로 표지에 유무광 코딩을 하거나, 박 처리로 더 돋보이게 만드는 과정입니다.

제작비는 외주 업체에 따라 차이가 납니다. 오랜 거래가 있다면 더 싸게 가능하겠죠. 구글링해서 온라인 즉석 견적을 주는 업체를 찾아봤습니다(제가 거래하거나 추천하는 곳이 아니니 오해 없으시기 바랍니다).

자동 견적 내기 기능으로 제작비를 알아보겠습니다. 후가공은 유광 코팅 하나만 선택했습니다. 그 결과 예산 견적은 220만 원입니다.

▶ **자동 견적 예시**[1]

자동 견적 내기

대량(옵셋)인쇄, 컬러 100부 이상, 흑백 300부 이상, 기본 사이즈가 아닌 다른 사이즈의 책 제작을 원하실 경우 견적 의뢰를 남겨 주세요.

기본 선택 정보 · 책 제작순서 ?

책 제목	와룡선생의 저자로 만들어주는 책쓰기 특강			
책 사이즈	153X225(신국판) ▼	판형보기 ?	Page수	280	Page	제작수량	2000	권
제본형태	무선 ▼	제본종류 ?	책 펼침 방향	좌철 ▼	좌철/상철 ?

표지 선택 정보 · 표지 가이드 ?

표지 종류	컬러 ▼	아트지 ▼	250g ▼	종이종류 ?		표지 코팅	유광 ▼	표지가공 ?
날개선택	있음 ▼	책 날개 ?	책등 두께	13.10	mm	인쇄 형태	단면 ▼	인쇄형태 ?
표지디자인	● 북메이크 표지 선택(유/무료)	BMC1412	표지 선택 / 웹하드		○ 직접 제작한 표지 사용

본문 선택 정보 · 본문 가이드 ?

| 본문 종류 | 컬러 ▼ | 미색모조 ▼ | 80g ▼ | 종이종류 ? | | 인쇄 형태 | 양면 ▼ | 인쇄형태 ? |

부분 컬러 선택	면지 선택	간지 선택
[____] Page	● 앞뒤각각1장 ○ 앞뒤각각2장 ○ 없음	○ 컬러인쇄 ○ 흑백인쇄 ○ 삽입 ● 없음
· 총 페이지에서 1/3만 부분컬러로 설정 가능. · 부분컬러로 들어가는 페이지 수를 입력해 주세요.	BMP17 [색지선택] · 면지란, 책의 처음과 끝에 들어가는 색지를 말합니다.	[____] [색지선택] [__] 장 삽입페이지번호 [____]

배송 설정 · 배송 정보 ?

| 배송 방법 | 선택 ▼ | 배송가격 | [____] 원 | 택배 예상수량 | [____] 개 |

예상 견적 금액	제작 금액	2,200,000 원
	배송비	원
	최종 예상견적금액	**2,200,000** 원

[취소]　　[주문하기]　　[임시저장]

---

1 www.bookmake.co.kr/member/join_email_send_01.html

책 대량 제작에 보통 옵셋이라는 방식을 사용합니다. 소량은 POD 방식을 사용합니다. 옵셋은 인쇄소에서 큰 기계로 인쇄하는 방식으로 보면 되고, POD는 특수 프린터로 인쇄하는 방식으로 생각하면 됩니다. POD보다 옵셋 품질이 더 좋고 종당 제작 단가도 낮습니다.

애초에 POD는 전자책 전용 도서를 종이책으로 구매하려는 욕구에 대응하는 데 그 출발점이 있습니다. 주문받는 즉시 필요한 만큼만 소량으로 찍을 수 있어 제작 기간이 짧고 재고 부담이 없습니다.[2]

제작비에 종이 가격은 포함되지 않았습니다. 그래서 표지, 내지, 면지를 선택하고 구매해서 인쇄 업체에 보내주어야 합니다.

면지는 표지와 내지 사이에 한두 장 넣는 색지이며 필수는 아닙니다. 표지와 내지가 무엇인지는 다 아실 테니 설명을 생략하겠습니다.

단행본에서는 각각에 다음과 같은 종이를 주로 씁니다.

▶ **단행본에서 자주 사용하는 지질**

표지	아트지, 스노우화이트
내지	뉴플러스, 모조지(미색/백색), 서적지, 스노우지, 아트지
면지	밍크지, 색상지

웬만한 인쇄 업체 홈페이지에 가면 종이별 특징을 확인할 수 있습니다.

---

2 POD 설명. www.inpi.co.kr/company_/ko/solution/pod.html

▶ 종이 예

띤또레또
평량 250g

랑데뷰내츄럴
평량 130g, 160g, 190g, 210g, 240g

랑데뷰울트라화이트
평량 130g, 160g, 190g, 210g, 240g

출처 : www.redprinting.co.kr

표지, 내지, 면지 구매가를 알아보겠습니다. 각각 아트지(210g), 모조지(80g), 색상지로 정했습니다.

▶ 종이 지질 선택 및 비용 예시

	재질	합	단가	필요한 전지 수량	도서당 필요 수량	장당 출력 수량
표지비	아트지 210g	₩115,000	₩230	500	1	4
내지비	모조지 80g	₩4,620,000	₩264	75,000	140	16
면지비	비비칼라 푸른색 80g	₩90,000	₩180	500	4	16
총합		₩4,825,000				

장당 출력 수량은 전지에 몇 장을 출력하느냐의 문제입니다. 예를 들어 표지는 전지에 4장을 인쇄할 수 있습니다. 2천 권 인쇄하면 전지 500장이 있으면 되는 거죠. 내지는 16장을 인쇄할 수 있는데, 앞뒤 양면 인쇄이므로 실제로는 32쪽을 인쇄합니다. 면지는 앞뒤 각각 2장씩 한 권에 총 4장을 넣는 걸로 계산했습니다 (업체마다 구매 방식이나 수량마다 가격은 상이합니다). 실제로는 여분을 3~5% 정도 더 제공합니다.

A.3 총 제작비

그럼 지금까지 사용한 총 비용을 알아볼까요?

- 인건비 : 7,700,000원
- 종이/제작비 : 7,025,000원
- 총비용 : 14,725,000원

종이를 구매해서 인쇄소에 보내고, 제작한 도서를 물류 창고로 보내야 모든 제작이 비로소 완료됩니다. 이런 비용도 고려하면 가격은 더 올라갑니다. 게다가 후가공은 유광 코팅만 진행했습니다. 많은 도서 중에 내 도서가 돋보이려면 후가공에 더 신경 쓰는 것이 좋겠죠?

이왕 비용을 산출해봤으니 그럼 2천 권 팔아서 얼마나 벌 수 있는지 수익도 알아볼까요? 공식은 다음과 같습니다.

- 정가 * 제작 부수 * 공급률

공급률은 출판사에서 서점에 공급하는 정가 대비 가격입니다. 대형 출판사는 사정이 더 좋기는 하지만, 1인 출판이나 자가 출판이라면 60%가 일반적입니다.

- 1,800만 원 = 15,000원 * 2,000권 * 60%

총 수익에서 총 제작비를 빼면 300만 원 정도가 수익이 됩니다. 제작 당시 물류비가 빠졌고, 2천 권을 팔며 발생하는 배송료와 사무실 관리비, 인건비 역시 넣지 않은 계산입니다.

1년에 2천 권 팔리는 책이 많지 않습니다. 1천 권 미만 팔리는 책도 수두룩한데요, 암울하네요. 가격을 올리면 수익은 더 늘겠지만, 그만큼 경쟁력이 떨어져 판매 수량도 떨어질 가능성이 있습니다. 가격을 정하는 것은 예술의 경지에서 행해집니다. 시장 상황을 고려해 정해야 합니다. 엑셀이나 포토샵처럼 풀 컬러이면서 경쟁이 심한 분야는 손익분기 부수가 1만 권을 상회합니다. 이런 책은 출판사가 엄청난 손실을 감내하고 투자하니까 인세가 평균보다 더 낮죠(그렇지만 판매 부수가가 만 단위다 보니 총 수령액은 큽니다). 이런 시장에 함부로 덤비면 안 됩니다. 특히 1인 출판이나 자가 출판으로 덤비면 큰일 나죠.

폰트 저작권

폰트 저작권은 출판사 책임 영역이므로 자가 출판을 고려하지 않는 분은 건너뛰어도 좋습니다.

폰트(글씨체) 자체에는 저작권이 없지만, 폰트 프로그램에는 저작권이 있습니다. 폰트는 글자 모양인데, 글자 모양 자체에 저작권을 주면 글 자체를 쓸 수 없게 되는 상황이 발생하기 때문에 글씨체 자체에는 저작권을 주지 않은 겁니다.

하지만 글씨체를 표현하는 폰트 프로그램, 즉 폰트 파일에는 저작권이 있습니다. 일반적으로 폰트 프로그램은 ttf나 otf 확장자를 사용합니다. 이 폰트 파일은 무단 복제하거나, 무단으로 사용하면 저작권 위반이 되는 거죠.

B.1 폰트 저작권 Q&A

최근 폰트 파파라치가 마구잡이로 보내는 폰트 침해 내용증명에 피곤하신 분이 많을 겁니다.

간단히 예를 들어 설명하겠습니다.

Q 윈도우에 기본 설치된 폰트를 사용해 문서 작성 후 PDF 파일을 만들었는데 저작권 위반인가요?

A 윈도우가 정품이면 폰트도 구매했다고 봐야 하므로 적법합니다.

Q 외주 작업한 결과물에 사용된 폰트의 저작권을 가지고 있지 않습니다. 이 대로 출간하면 저작권 위반인가요?

A 외주 업체가 폰트를 구매해 작업했다면 모두 적법, 구매하지 않고 무단 사용했다면 외주 업체만 위법. 원청 업체는 아무런 책임이 없습니다.

Q 특정 프로그램에서만 사용이 허락된 폰트를 사용해 결과물을 PDF로 뽑아 냈습니다. 위법인가요?

A 특정 프로그램으로 PDF를 뽑아내었다면 적법합니다.

Q 외주 제작한 PDF 파일에 자사가 보유하지 않은 폰트가 사용되었습니다. 공개 사용할 때 위법인가요?

A PDF에 해당 폰트가 임베디드되어 있지 않아 단순 이미지 형태라면 적법합 니다.

Q 중고 구매한 컴퓨터에 깔린 유료 폰트를 사용했는데 문제 없나요?

A 저작권 위반입니다(서울중앙지방법원 판례 2017나61562).

폰트와 폰트 프로그램을 구별하고 귀책 사유를 구분하면 어렵지 않게 위법 여부 를 가릴 수 있을 겁니다.

더 자세한 사항은 문화체육관광부와 한국저작권위원회가 최신 분쟁 사례를 담 아 배포한 『글꼴 파일 저작권 바로 알기』 안내서를 참조하기 바랍니다.

- '글꼴 파일 저작권 바로 알기' 안내서 : bit.ly/2uXFVQT

다음 문서도 도움이 될 겁니다.

- 어쩌죠, 폰트 저작권을 침해했다고 내용증명이 날라왔어요 : bit.ly/2uVxRQL
- 폰트 저작권 제대로 알고 이용하세요 : bit.ly/2uVCwC0

B.2 무료 폰트 목록

무료 폰트 목록을 간단히 살펴보고 마치겠습니다.

▶ 2016. 1. 14(목요일) 무료 저작권

폰트 프로그램명	저작권자 (개발⊠서비스 주체)	라이선스
순바탕	한국출판문화산업진흥원	기의 모든 매체 사용 무료 font.kpipa.or.kr/license
문화체육관광부 바탕체 한글	문화체육관광부, 세종대왕기념사업회	- 누구나 자유 이용 가능 - 유료 판매 금지 - 이용 시 출처 표기
문화체육관광부 돋움체 한글		
문화체육관광부 궁체 흘림체		
문화체육관광부 제목 돋움체		
문화체육관광부 제목 바탕체		
문화체육관광부 쓰기 흘림체		
문화체육관광부 궁체 정자체		
문화체육관광부 쓰기 정체		

나눔고딕	NHN, 네이버문화재단	- 누구나 자유 이용 가능 - 수정 및 재배포 가능 - 유료 판매 금지 - 라이선스 포함 번들 ☒ 판매 가능 - 이용 시 출처 표기
나눔명조		
나눔손글씨		
나눔바른펜		
나눔바른고딕		
가는 나눔바른고딕		
나눔글꼴에코		
KoPub 바탕체	문화체육관광부, 한국출판인회의	- 누구나 자유 이용 가능 - 유료 판매 금지
KoPub 돋움체		
한겨레결체	한겨레신문사, 태시스템	- 누구나 자유 이용 가능 - 유료 판매 금지 - 수정 금지 - 이용 시 출처 표기
THE정고딕 7종	한국전자출판협회, 더폰트그룹	- 비상업적 자유 이용 가능 - 상업적 인쇄출판/전자출판 가능 - 유료 판매 금지
제주한라산체	제주특별자치도	- 누구나 자유 이용 가능 - 유료 판매 금지
제주고딕체		
제주명조체		
청소년체	여성가족부, 한국청소년활동진흥원	- 누구나 자유 이용 가능 - 수정 ☒ 변경 금지 - 유료 판매 금지
서울한강체	서울특별시	- 누구나 자유 이용 가능 - 유료 판매 금지
서울남산체		
서울한강 장체		
서울남산 장체		

부산체	부산광역시	- 누구나 자유 이용 가능 - 유료 판매 금지
성동고딕	서울 성동구	- 누구나 자유 이용 가능 - 수정 · 변경 금지 - 유료 판매 금지
성동명조		
배달의민족 한나체	우아한형제들	- 누구나 자유 이용 가능 - 수정 · 재배포 가능
배달의민족 주아체		
배달의민족 도현체		
함초롬돋움체	한글과컴퓨터	- 누구나 자유 이용 가능 - 유료 판매 금지 - 이용 시 출처 표기
함초롬바탕체		

출처 : 저작권상담센터('폰트 저작권 제대로 알고 이용하기') 편집

 **색인**

<들여다 본 도서> (가나다 순)

『강원국의 글쓰기』(강원국 저, 메디치미디어, 2018)

『고우영 삼국지』(고우영 저, 애니북스, 2007)

『구글 애플 그다음 별』(최규헌, 한빛미디어, 2014)

『너의 췌장을 먹고 싶어』(스미노 요루 저 / 양윤옥 역, 소미미디어, 2017)는

『대통령의 글쓰기』(강원국 저, 메디치미디어, 2014)

『리얼 괌』(민정아 저, 한빛미디어, 2019)

『번역의 탄생』(이희재 저, 교양인, 2009)

『삼국지』(진수 저)

『삼국지연의』(나관중 저)

『성공을 말하는 조조의 12가지 덕목』(상관이셴 저 / 이지은 역, 생각하는백성, 2009)

『소문난 명강의 오준석의 안드로이드 생존 코딩』 (오준석 저, 한빛미디어, 2018)

『스티브 잡스』(월터 아이작슨 저 / 안진환 역, 민음사, 2015)

『엄마를 부탁해』(신경숙 저, 창비, 2008)

『입 속의 검은 잎』(기형도 저, 문학과지성사, 2000)

『주유의 IT 책쓰기 불바다 강론』(최현우 저, 전자책으로 무료공개, 2019)

『지적 대화를 위한 넓고 얕은 지식』(채사장 저, 한빛비즈, 2014)

『처음부터 다시 배우는 서비스 디자인 씽킹』(배성환 저, 한빛미디어, 2017)

『토지』(박경리 저, 마로니에북스, 2012)

『파리의 아파트』(기욤 뮈소 저 / 양영란 역, 밝은세상, 2017)

『해저 2만 리』(쥘 베른 저)

『해커, 광기의 랩소디』(스티븐 레비 저 / 박재호, 이해영 역, 한빛미디어, 2019)

『IT 트렌드 스페셜 리포트 2019』(김석기, 김승열, 박재호, 김진영, 금동우 저, 한빛미디어, 2018)

『PHP&MySQL 닌자 비법서』(톰 버틀러, 케빈 양크 저 / 김재영, 정병열 역, 한빛미디어, 2019)

『The Art of Computer Programming』(도널드 커누스 저, 류광 역, 한빛미디어, 2006)

\<곱씹을 만한 정보\>

나쁜 글을 쓰지 않는 네 가지 규칙 ·············· 54
본문을 쓰는 나만의 네 가지 원칙 ··········· 152
실용서를 집필하는 10가지 핵심 능력 ······· 45
앞부속을 구성하는 다섯 가지 원칙 ········· 116
외국어 우리말 표기 원칙 ···················· 174
워스트 번역투 TPO 12 ···················· 177
유시민 작가의 세 가지 글쓰기 원칙 ········· 115
집필 일정 설정 원칙 ·························· 94
책 쓰기 세 가지 명심보감 ················· 164
책쓰기 적성 검사 ··························· 25
출간 여부를 결정하는 출판사 판단 목록 ··· 139
출판 프로세스 ····························· 138
출판과 저작권 세부 항목 ················· 228
홍보와 마케팅 활용 요약 ················· 220

\<다시 보고픈 Q&A\>

책쓰기 Q&A ······························ 168
정기제 Q&A ······························ 211
저작권 Q&A ······························ 242
폰트 저작권 Q& A ························· 284

\<숫자, 영문\>

1boon ·································· 219
1도 ···································· 102
1쇄 ···································· 147
1인 출판 ······························· 217
2도 ···································· 102
2쇄 ···································· 148
2차적 저작물 설정 ······················ 271
2차적 저작물 작성권 ············· 231, 234
46배판 ································· 101
4도 ···································· 102
all rights reserved ··············· 238
A전지 ································· 101
B전지 ································· 101
ⓒ ····································· 238
CCL ··································· 249
CMYK ································· 101

MS 오피스 ····························· 82
PDF ·································· 233
POD ································· 280
RGB ································· 102
SNS 플랫폼 ·························· 216
SWOT 분석 ··························· 73

\<가~다\>

감수 ································· 149
강의/세미나 ····················· 98, 213
검인지 ······························ 260
견적 내기 ···························· 279
경어체 ······························ 159
경쟁서 ······························ 128
경쟁서 분석 ························· 75
계약 ································· 259
고유명사 ···························· 170
공급률 ······························ 282
공언권 ······························ 231
공중송신권 ·························· 231
공중전송권 ·························· 233
공표권 ······························ 229
교열 ································· 142
교정 ································· 142
구글 드라이브 ······················· 82
국립국어원 ·························· 174
국판 ································· 101
굿즈 ·································· 98
기획안 ······························ 141
기획회의 ···························· 138
김미경TV ·························· 214
깃허브 ······························· 83
낮춤말 ······························ 159
네이버 포스트 ······················ 218
높임말 ······························ 159
뉴스캐스트 ·························· 215
다이어그램 ·························· 157
단문 ································· 157
단축키 ······························· 84

담당 편집자 ·················· 140
대명사 남발 ·················· 177
대여권 ·················· 231
도서정가제 ·················· 209
도수 ·················· 101
동시 작업 ·················· 84
동일성유지권 ·················· 229
두괄식 ·················· 152

<라~바>

레이텍/텍 ·················· 83
리뷰/서평 이벤트 ·················· 98, 214
마케팅 ·················· 220
맞춤법 검사 ·················· 84
매절 ·················· 141
매체 노출 ·················· 98
메모 ·················· 86
메모장 ·················· 82
목차 ·················· 90
문장 호응 불일치 ·················· 197
미디엄 ·················· 218
배본 ·················· 147
배타적 발행권 ·················· 267
배포권 ·················· 231, 232
번역 ·················· 38
번역서 ·················· 170
번역투 ·················· 175
베스트셀러 ·················· 39
베타 리딩 ·················· 149
변경 이력 추적 ·················· 86
복제권 ·················· 231, 232
북콘서트 ·················· 98
브런치 ·················· 218
블로그 ·················· 83
비문 ·················· 195, 199

<사~자>

사진 ·················· 169
샘플 원고 ·················· 113, 124, 130

선인세 ·················· 147, 262
설정 ·················· 259
성명표시권 ·················· 145, 229
수식 ·················· 169
수정 이력 ·················· 84
쉼표 남용 ·················· 54
스팀잇 ·················· 218
슬라이드셰어 ·················· 219
시장 상황 ·················· 129
신탁 ·················· 252
아프리카TV ·················· 217
앞부속 ·················· 115, 117
양도 ·················· 259
어비북스 ·················· 218
오탈자 ·················· 208
오탈자 신고 ·················· 167
오프라인 노출 광고 ·················· 97
온라인 노출 광고 ·················· 97
옵셋 ·················· 280
외래어 ·················· 110
용어표 ·················· 106
원고 분할 기준 ·················· 85
원고 소개서 ·················· 87
원고 제안서 ·················· 125
원고 템플릿 ·················· 160
위블 ·················· 214
유튜버 ·················· 216
음차 표기 ·················· 110
이력서 ·················· 126
이미지 ·················· 169
이슈닷컴 ·················· 218
이중 계약 ·················· 270
이중 피동 ·················· 179
이퍼브 ·················· 233
인디자인 ·················· 143
인물 사진 ·················· 246
인세 ·················· 38, 141, 147, 261
인쇄 ·················· 146
인스타그램 ·················· 219
인용 ·················· 239

자가 출판 ·················· 216, 277
자기소개 ·················· 126
작은따옴표 사용 ·················· 57
잘못된 조사 사용 ·················· 198
저자 교정 ·················· 144
저자 마케팅 ·················· 97
저작권 ·················· 224
저작권 유효 기간 ·················· 250
저작권 중개 대리인 ·················· 253
저작권 침해 배상 ·················· 251
저작물 ·················· 225
저작인격권 ·················· 227, 229
저작재산권 ·················· 227, 231
전문 용어 ·················· 174
전문 작가 ·················· 42
전시권 ·················· 231
전자책 ·················· 233
접속 부사 ·················· 56
제목 위상 ·················· 92
제작 부수 ·················· 282
제작비 ·················· 102, 278, 282
조판 ·················· 143
종이 ·················· 278
좋은 번역 ·················· 202
주석 ·················· 169
주술 불일치 ·················· 195
주제 소개 ·················· 127
증정 ·················· 274
지질 ·················· 281
집필 ·················· 38, 259
집필 계획서 ·················· 87, 103
집필 일정 ·················· 94
집필 제안서 ·················· 51

<차~타>

책 끝을 접다 ·················· 214
초상권 ·················· 246
추천사 ·················· 148
출처 ·················· 243

출판 계약 ·················· 141
출판 실비 ·················· 277
출판 인건비 ·················· 278
출판 표준 계약서 ·················· 258
출판 프로세스 ·················· 137
출판권 ·················· 235, 267
출판권 기간 ·················· 269
출판권 등록 ·················· 268
출판권 설정 등록 ·················· 141, 236
콘셉트 ·················· 71
콘셉팅 ·················· 71
퀵익스프레스 ·················· 143
큰따옴표 사용 ·················· 57
텀블벅 ·················· 218
투고 ·················· 130
트위치 ·················· 217

<파~하>

ㅍㅍㅅㅅ ·················· 215
판권 ·················· 116
판형 ·················· 101
판형별 크기 ·················· 101
팟빵 ·················· 217
퍼블리 ·················· 218
편집 도구 ·················· 82, 170
편집자 ·················· 140
평어체 ·················· 159
포지셔닝 ·················· 72
표준 계약서 ·················· 267
표준국어대사전 ·················· 109
표지 편집권 ·················· 145
프랙털 ·················· 155
피동 남용 ·················· 179
피드백 ·················· 168
한국출판인회의 ·················· 258
한영 병기 ·················· 169
한컴오피스 ·················· 82
홍보 ·················· 220
홍보 방법 ·················· 97